ediciones carena

Primera edición: noviembre de 2012

© Muakuku Rondo Igambo

© Ediciones Carena
c/ Alpens, 8
08014 Barcelona
Tel. 934 310 283
www.edicionescarena.org
carena@edicionescarena.org

Diseño cubierta: Davinia Martín
Maquetación y corrección: Alba Marco
Depósito legal: B-30816/2012
ISBN: 978-84-15681-30-4

El juego social
moral o conveniencia

Muakuku Rondo Igambo

Makome-Beatriz, *la madre de mis hijos.*
En las cosas sencillas radica la belleza.
Y tú eres sencilla y eres bella.

INTRODUCCIÓN

La persona, como unidad atómica dentro de una organización social, desde sus orígenes, se mueve por el principio de satisfacer sus propias necesidades. Por su parte, debido a su cualidad interactiva con sus semejantes, tiene que cooperar con ellos (unas veces debido a sus restricciones personales y otras por requerimientos sociales) con el objeto de lograr fines comunes o, en todo caso, para conseguir una comunidad armoniosa. Generalmente se trata de un proceso complejo de interacciones que se ha dado por llamarse sociedad. Debo advertir que mi reflexión se desmarca del ámbito económico y/o jurídico, no así de la dimensión social. En este sentido, recurriremos a la sociología como ciencia a fin de que nos aproxime a la realidad de las entidades sociales que configuran la vida grupal humana: cómo se constituye y desarrolla. De sus estudios se deduce que las sociedades humanas están configuradas por entidades poblacionales en las que en cada una existe una estrecha relación entre sus habitantes y el entorno. Esto es lo que precisamente les da una identidad propia. De manera que una sociedad, entendida como conjunto de individuos que comparten fines, quedará identificada por sus conductas análogas y/o cultura. A su vez, esta realidad les impone tener que cooperar a fin de conseguir objetivos comunes, que no pueden ser divisibles (como la paz social) ni son sumatorias de objetivos individuales, es el caso del alumbrado de una comunidad. Pero sí, todo ese conjunto de atributos que nos permite hacer más llevadera la vida social en armonía y bienestar en toda su dimensión más general.

Desde su configuración más elemental (la familia o pareja), para que esta interacción satisfaga a las partes debe tratarse de un acto de ida y vuelta: dar y recibir es la esencia de dicha cooperación. Digamos que es lo que sostiene la voluntad de aunar esfuerzos para el bien común. Hay que matizar en el sentido de que dicho acto no debe entenderse como un ejercicio de transacción, porque el acto del *dar* puede ser, y de hecho así debe ser, a cambio de un *compromiso*, póngase por caso el amor.

En su acepción más compleja (comunidad, nación o estado) estos actos de ida y vuelta deben de ir envueltos en una estructura que dé acomodo a la mayoría de sus miembros, sin transgredir a la minoría. En mi libro sobre Conflictos Étnicos sostengo que *"Nadie puede sentirse a gusto en una organización (cualquiera que sea su estructura) en la que no encuentre acomodo a sus preferencias vitales"*. Podrá, no obstante, seguir en ella en continuo estado reivindicativo hasta conseguir cambios mínimos aceptables o desistir por resignación. De ahí la exigencia de que las actuaciones de esa cooperación, a nivel de comunidad, nacional o estatal, deban estar reguladas mediante instituciones garantes de justicia y paz social, cuyo espejo de mira será la satisfacción que cada uno de nosotros crea encontrar en la gestión de dichas instituciones. Sin embargo, y a pesar de todo, casi siempre, en esta búsqueda de finalidades compartidas se tendrán que lidiar varios obstáculos: fundamentalmente porque nuestras acciones individuales o sociales están influidas por valores o emociones que no necesariamente son coincidentes y porque el egoísmo o capacidad de insatisfacción humana nos lleva a la búsqueda de lo *supremo*. La necesidad de arbitrar estos conflictos nos reclama un tipo de consenso o justicia social. El consenso es la palabra clave. Nos reclama abandonar atrincheramientos y el deber de ceder parte de nuestras posiciones estratégicas para converger en un proyecto común. Se trata de encontrar un espacio de valores o satisfacciones compartidos por dicha colectividad, cuya trasgresión pueda ser reparada en términos de igualdad de oportunidades y de respeto de la dignidad humana. A nivel familiar o de pareja, las herramientas de juego podrían ser el diálogo, la confianza, el respeto y el amor. Dicho en otros términos, estar dispuesto a dar a cambio de nada más que no sea el compromiso. Desde una perspectiva general (un colectivo o sociedad), debido a su complejidad, habría que construir un cuerpo legal (instituciones y leyes) encargadas de impartir dicha justicia, como la escenificación del acuerdo social suscrito por los miembros.

Por la propia dinámica social, tendrá que anticiparse o adaptarse continuamente a los cambios perceptivos de la sociedad. Por ejemplo, la nueva configuración de la familia o las nuevas redes sociales responden a esta dinámica en donde, a veces, la conveniencia se impone a las formas rígidas de gobernar: a la moral. Cuando ésta flaquea, a medida que la "libertad" se vaya abriendo paso, la conducta humana va adoptando comportamientos que se aproximan a lo que verdaderamente es y no lo que la sociedad quiere que sea. Es entonces cuando la persona cree ser verdaderamente *"libre"*, porque hace lo que le da la gana. Pero hasta dónde es realmente libre. Esta cuestión nos llevaría a debatir sobre el concepto mismo de la libertad, su dimensión, y cuáles han de ser las condiciones previas y resultados finales que deben darse para que una persona pueda sentir la verdadera dimensión de libertad. Y con todo, cómo evitar que nuestras conveniencias transgredan la moral de los demás o que ésta suplante nuestras sensibilidades.

El objetivo de este trabajo es el de aproximarnos a toda esta complejidad, sin proposiciones determinantes, con la intención de profundizar en el debate de esta singularidad. Esto nos lleva a plantearnos varias interrogantes: a) cómo y por qué se estructuran las relaciones sociales. b) de qué depende o qué debe condicionar nuestro comportamiento: lo que nos demanda la sociedad (lo que socialmente es aceptable por la moral) o son nuestras necesidades las que deben gobernar nuestras actuaciones. c) cómo debemos regular la interacción social. De qué manera nuestra democracia interna debe compatibilizar con la de los demás. d) cómo encajar nuestra libertad-conveniente en el contexto de la ciudadanía platónica.

I.- ORGANIZACIÓN SOCIAL

"Quien no convive con los demás en una comunidad o es una bestia o es un dios", Aristóteles.

1.1.-La sociabilidad

Cuando reflexionamos sobre la evolución humana, desde sus orígenes, observamos un amplio compendio de relaciones respecto de su sociabilidad sujeto a determinadas pautas. De ahí que para la sociología del conocimiento, tal y como afirma Peter L. Berger, *"la existencia humana se desarrolla empíricamente en un contexto de orden, dirección y estabilidad"*. Se trata de un entramado de relaciones y actividades coordinadas y conformadas entre personas, en donde la cooperación entre ellas, como he dicho en la parte introductoria, es esencial para la consecución de objetivos comunes. A este conjunto de vinculaciones, intrínseco a la propia existencia humana, es a lo que los antropólogos han definido como organización social. Gracias a ella es posible una vida social. Dicho de otra manera, para poder explicar la existencia de nuestras vidas hay que recurrir a un lugar de encuentro y de objetivos comunes entre las personas. Observamos pues que la solidaridad es una base fundamental para que la sociedad pueda conseguir sus objetivos. Esta necesidad irá variando a medida que la sociedad vaya evolucionando. Paralelamente, las uniones sociales también han ido experimentando diversas formas.

---

1   *La construcción social de la realidad*, pág. 70.

Hasta su complejidad actual, han tenido que recorrer una larga travesía: desde aquellas asociaciones primitivas de recolectores de frutas y leñas hasta las grandes democracias actuales, pasando por la organización feudal o burguesa. Unas han ido desapareciendo, otras se han ido transformando (adecuándose a las exigencias del momento) y en otros casos ha sido necesario crear nuevas estructuras. De hecho no se puede hablar de organización social sino de organizaciones. Sin embargo, no todas las sociedades han evolucionado con las mismas bases ni a la misma velocidad. Tampoco se espera que en un futuro vaya a ser así. Tiene mucho que ver tanto con los parámetros internos (cultura, educación, niveles de libertad, relaciones sociales, recursos etc.) como con la influencia externa: relaciones de vecindad, nivel de apertura con el exterior etc. Las culturas o sociedades abiertas experimentarán con mayor celeridad cambios cuantitativos -y también cualitativos- que aquellas otras sociedades cerradas. Lo mismo pasa con las sociedades migratorias. El influjo de la migración es, en su conjunto, un valor añadido para cualquier comunidad o sociedad porque, además de su contribución socio-económica, le permite mejorar sus valoraciones tradicionales. Sin embargo, no siempre suele ser bien acogida esta influencia externa, sobre todo tratándose de la inmigración proveniente de sociedades atrasadas. Su presencia (con frecuencia) se asocia con la amenaza de colisionar con las costumbres locales, además de otro paquete de estereotipos.

Independientemente de su evolución, la figura jerárquica está presente en todas las formas de organización. Siempre hay colectivos o individuos que gozan de ciertos privilegios, aunque en algunas sociedades estén más o menos camuflados. En algunos casos son prebendas adoptadas por la fuerza, o reconocimientos históricos, en otras ocasiones se trata de reconocimientos otorgados por la legislación vigente. Esto nos lleva a hablar de diferentes formas de gobernar un colectivo. Cuanto menos disimulada sea esta jerarquía más próximos estaremos a la dictadura en donde la mayoría es igual frente a la minoría especial o diferente. En el polo opuesto estará la democracia -entendida ésta como una sociedad forjada a base de consensos-, en la que todos sus habitantes son "iguales" ante la ley y nadie está por encima de ella, o al menos aparentemente. A lo del "todos somos iguales" a veces podría añadirse "y no tan iguales". Una crítica que se suele sostener cuando las prerrogativas y/o inmunidades de algunos, en estas sociedades abiertas y libres, suelen ser mal vistas, si se da el hecho de que por el mismo acto se reclama no menos esfuerzos a los demás. Sin duda, una distorsión de los orígenes de este tipo de privilegios reconocidos en la antigüedad a favor de las Iglesias y Templos, para eximir de castigo a aquellos delincuentes que allí se refugiaban; posteriormente consagradas en la Convención de Viena para los cuerpos consulares en el extranjero, a fin de garantizar la inmunidad de sus respectivos Estados, eximiéndoles de juicios y condenas durante el ejercicio de sus funciones. Actualmente, en sociedades abiertas, estas dignidades han pasado a ser un privilegio que ostentan ciertas personas y lugares haciéndoles diferentes del resto.

Un debate que tan siquiera se plantea en las sociedades intolerantes, donde claramente hay dos capas sociales. Los abnegados, que son la mayoría, que deberán remar contra todas las adversidades: sociales económicas y políticas. Y los que viven arropados de todo tipo de influencias. Éstos, como en el viejo Oeste de John Wayne, viven al margen de la Ley por ellos mismos elaborada, promulgada y sancionada.

1.2.- Conducta humana y Acción Social

El juego social está plagado de consecuencias, a veces, no intencionadas e individuales de cada uno de nosotros. A base de ser repetitivas e imitadas por mayor número de actores pueden acabar concluyendo en una acción concreta. Otras veces, puede ser el resultado de una decisión en el marco de una comunidad. Por supuesto que, para admitir esta afirmación, habrá que desmarcarse de la teoría de la "imposibilidad" de Kenneth Arrow. Según la cual no es posible hacer una elección social racional a partir de las preferencias individuales de sus miembros[2].

Esta afirmación categórica de K. Arrow castiga a la fuerza del consenso desde el debate de las ideas y premia la imposición. Cierto es que la heterogeneidad de las preferencias individuales puede ser (o alegarse como) una variable

---

2   Este teorema de K. Arrow, también conocido como la **paradoja de Arrow**, fue divulgado en su tesis doctoral *Social choice and individual values*, y popularizado en su libro del mismo nombre, editado en 1951

perturbadora cuando no se llega al consenso. Este es un debate que posponemos para más adelante. Ahora nos limitaremos a diferenciar sintácticamente la conducta humana de la acción social. La primera integra todo un conjunto de actos, pensamientos o expresiones que son el reflejo de las ideas o propósitos de dicha persona. Es la manera con que nos comportamos y por la que se nos censura. Dicho de otra manera, la conducta humana tiene sentido si es posible establecer una cierta relación con respecto de la conducta de otras personas. Para ello han de ser actitudes fácilmente observables por los demás. Por ejemplo, cuando se dice que la conducta de esta o aquella persona es formal, lo que en realidad se pretende manifestar es que su comportamiento se desarrolla en base a unas actitudes reconocidas como valiosas dentro de esa comunidad. Cuando estas creencias e ideas -con sentido para quien las realiza- influyen de alguna manera en nuestro entorno social, entonces podemos decir que se trata de una acción social. Max Weber, en concreto, lo define como "todo comportamiento al que somos capaces de asociar una interpretación subjetiva[3]". Es decir, todo acto o actividad orientada hacia los demás. En ese sentido, hay una acción social siempre que uno -de manera individual o en grupo de individuos- se comporte con respecto a una situación en la que están presentes otras personas, quienes tendrán que emitir unas valoraciones de dichos actos. En una primera clasificación, en consonancia con Vilfredo Pareto, diferenciaremos: a) acciones racionales o lógicas, si se orientan hacia una finalidad lógica (es decir, cuando hay una coincidencia entre lo

---

3   Giner, Salvador: *La Sociología*, Ed, península, pág. 60.

objetivo y lo subjetivo); y b) en la otra orilla están las acciones sociales alógicas o irracionales, si existe quebranto en dicha coincidencia. Como quiera que sea, difícilmente es posible encontrarnos en uno u otro extremo, Weber acaba subdividiendo las dos categorías en cuatro subgrupos de acciones, con cierta interrelación entre ellos: A) Acciones tradicionales, las que se ejecutan por principios, normas o costumbres. Su contenido racional es insignificante. B) Acciones racionales, las que están guiadas por principios morales, con arreglo a valores. C) Acciones afectivas, de contenido principalmente emotivo e irracional. D) Acciones de contenido tecnológico, aquellas destinadas a conseguir fines racionales[4]. En todo caso, la subjetividad de las acciones sociales hace que cada uno tenga una visión particular del entorno que le rodea, aunque a veces sea coincidente con los demás. Tales acciones entrañan un grado de intencionalidad o, si se prefiere, se ejecutan con cierta conciencia de la persona en cuestión. Esto es así porque cuando se decide consumar o no una acción, y no otra, estamos en realidad manifestando nuestra preferencia por la misma. Cuestión diferente y paralela son las motivaciones que nos llevan a hacerlo o no. Es aquí donde la moral, en algunos casos, o la conveniencia, en otros, entran en juego. Cuestión que analizaré más adelante.

---

4   *Op. Cit.*, pág. 61.

1.3.- Cultura y Costumbres

En cualquier caso, lo cierto es que para conocer o definir la estructura de una sociedad habría que recurrir a las interrelaciones (o acciones sociales) entre las diferentes partes que forman dicha estructura unida a la distribución de las mismas, siempre dentro de un orden dinámico. Por su parte, si admitimos que una sociedad -en su sentido más estricto o primitivo- es aquella en la que todos sus habitantes comparten la misma cultura, esto es tanto como afirmar que su comportamiento está plenamente identificado por sus usos y costumbres, transmitidos de generación en generación. Un entramado de comportamientos deseables y aprobados por una comunidad. Son sus valores o, si se prefiere, su identidad y su historia. En cualquier caso, estas costumbres, o forma de actuar, acaban teniendo rango de ley de obligado cumplimiento para garantizar una paz social. En las sociedades primitivas africanas, por ejemplo, sigue prevaleciendo el *derecho consuetudinario*. Un conjunto de reglas de juego no escritas, pero de obligado respeto: reconocimiento tácito de la propiedad privada familiar o de la estirpe, rúbrica verbal de los acuerdos, estricto cumplimiento de ciertos usos, etc. Este comportamiento, plenamente identificable por cada comunidad o sociedad, conforma en sí mismo su hecho diferencial. También ha pasado en otras sociedades donde era frecuente sellar los acuerdos con un simple apretón de manos. Con el tiempo, esta configuración legal ha ido adecuándose a la propia dinámica evolutiva de la sociedad cambiante. A medida que se van abriendo al exterior, estas valoraciones irán experimentando cambios y adoptando nuevas disposiciones. Es entonces cuando lo escrito adquiere mayor relieve.

Ahora bien, aun cuando de manera generalista los habitantes de una sociedad practican las mismas costumbres, ello no nos impide reconocer que el grado de aceptación de las mismas no es el mismo. El subjetivismo de cada uno determinará sus preferencias individuales. De manera que, para gobernar esta diversidad se debe recurrir a ciertas reglas de juego en donde casi siempre habría que abdicar en algo a favor de un bien común. Por un consenso -o por un poder persuasivo- estas preferencias individuales acaban convirtiéndose en ley. Aun así, habrá espacios de discrepancia que deberán ser atenuados por este poder superior.

Pero las macro-culturas, esas que se pueden circunscribir en el ámbito de las regiones o países y más concretamente identificarse con los continentes, generalmente son fruto de la hegemonía o del impulso de alguna región o movimiento regionalista que se irá extendiendo en el resto. Es el caso de la cultura europea cuya configuración se sustenta sobre las raíces judeo-cristianas. Fueron los griegos, a través de lo que denominaron cultura ciudadana, los que trataron de desarrollar las bases de una cultura plural. Después fue la Roma Imperial la que trató de dar forma jurídica al modelo de la ciudadanía griega. Con ese ensamblaje se asentará la cultura europea. Previamente, la influencia cristiano-romana acabó imponiéndose a la genealogía del Olimpo dando paso a la creencia de un solo Dios. De esta manera, la cultura europea quedará contextualizada como ese conjunto de valores cristianos, de familia patriarcal, monógama, patrimonial, etc. En esto, el derecho romano tuvo su vital influencia porque en él se sustentaron todas las funciones afectivas, económicas, educativas, reproductivas y sociales de las familias, desde una estructura jerárquica.

No pasa lo mismo en África, en donde, aunque genéricamente puede hablarse de cultura africana, sin embargo hay que matizar que, por una parte, está lo que podríamos denominar la cultura del África del norte o blanca, con epicentro en la cultura egipcia. Su influencia, largamente silenciada, también significó el resorte modernizador de la Europa Occidental. Es, en definitiva, aquella África influenciada por el Islam a partir de mediados del siglo VII, aunque regionalmente podremos encontrarnos con comportamientos particularizados por países. Después está la extensa y variada cultura de la África negra. Esa África misteriosa de grandes ríos y exuberante vegetación e intensos colores. En ella se entremezclan pueblos sedentarios y nómadas, agricultores, cazadores y pescadores. Pero, en su conjunto, son pueblos que rinden culto a sus antepasados. Sus creencias animistas son los vínculos que les une el pasado con el presente, donde la muerte es simplemente un estadio superior de la vida. De ahí que los ritos funerarios sean una manifestación de la culminación de la vida de la persona. El nacimiento simboliza el retorno a la vida de los vivos, valga la redundancia, de aquellos que en algún momento la abandonaron físicamente. Con este rodillo la vida, en su nivel inferior, tendrá que desarrollarse en solidaridad, hospitalidad y armonía; un lugar donde el bien material tiene poco espacio. Mientras que la solidaridad familiar permitirá sortear las duras condiciones de vida personal. Todas estas manifestaciones son las que dan un colorido especial a África. Es el África profunda. Después está el día a día localista, regional y especialmente tribal. Su variedad es una peculiaridad que dificulta hablar de una cultura africana -negra-, si nos abstraemos de lo anteriormente expuesto. Cada región o nación, culturalmente hablando, tendrás sus propias manifestaciones. Por ejemplo, el día a día de los Masai Mara del sudoeste de Kenya en nada se parece al de los Joroba de Nigeria, ni al de los Ndowé en Guinea Ecuatorial, ni mucho menos al de los Hausa en Cameroon. Desde esta heterogeneidad, más que hablar de la cultura africana habría que especificar y localizarla por naciones.

Similares contrastes encontramos en Latinoamérica. Su enorme diversidad étnica y cultural imposibilita su homogeneidad cultural. Desde los *quichés*, en las montañas de Guatemala, los *aztecas* y *chiapas* en México, los *incas* en Ecuador, Colombia y Perú, los *abas* en Argentina o los *chamacos* en Bolivia, pasando por los *macus guaribas* en Brasil o los *ranqueles* en Chile y los *mayas y misquitos* en Honduras; se pueden contabilizar más de 700 etnias. Brasil encabeza el ranking con 106, seguido de Perú con 105 y Colombia con 83. Esta extensa y variada diversidad hace que tampoco se pueda hablar de una cultura latinoamericana, a no ser que nos estemos refiriendo a la que se origina como consecuencia del mestizaje entre sus oriundos con la influencia latina procedente de la Europa colonial. En este contexto, la acción colonial no se limitó a aspectos económicos sino también políticos y culturales. Lo que denominaron civilización en realidad consistía en someter y entrometerse en la vida cotidiana de los latinoamericanos: una dominación total, llegando a la asimilación de las estructuras institucionales, valores sociales y religiosos. Lo demás pasó a ser pagano o perverso. De manera que, para referirnos a la verdadera cultura latinoamericana habría que desmarcarse de la criolla y proyectarse sobre la profunda autóctona. Es aquí donde el regionalismo cultural toma cuerp, y a partir del cual cabría hablar de culturas latinas. Efectivamente, habrá elementos comunes, pero también diferencias profundas entre ellas como en África.

1.4.- La atomización del individuo

Pese a todo, la persona, porque nace en el seno de una familia y dentro de un contexto regional determinado, tiene una identificación atómica. Su armazón lo formarán las costumbres y actitudes de sus padres y el entorno más próximo. Con el tiempo, su incorporación al mundo global irá amoldando esa estructura. Tanta información, sensaciones y vivencias dispares le dotarán de una personalidad propia, sin desmarcarse del todo con el entorno en el que habita. Lo mismo pasa con la cultura: la proximidad o interrelación con otras ejercerán una influencia sobre ella que, con el paso del tiempo, irá perdiendo su identidad originaria. Aun cuando este influjo es recíproco, generalmente las hegemonías de las sociedades avanzadas se suele imponer. Tratarán de disciplinar a los demás en su forma de vida, unas veces por persuasión otras por satanizar a las culturas más atrasadas. Esto, en ocasiones, puede inducirnos al error de creer que haya culturas (o civilizaciones) buenas y otras malas. Nada más lejos de la verdad: en realidad se trata tan solo de diferencias en la visión de las realidades.

En cuanto a la evolución de las culturas periféricas, y en concreto las africanas y latinas, habría que considerarlas a remolque de la occidental. Cada vez más, estas culturas han ido perdiendo su esencia a medida que han ido incorporando formas occidentales. También hasta aquí ha llegado la hegemonía de Occidente en su larga marcha hacia la occidentalización mundial. De hecho, la configuración social de estas regiones guarda paralela identidad con la occidental. Los cambios que se producen en las sociedades occidentales, más pronto que tarde, acaban desembocando en la periferia africana y latina. Si bien es cierto que la globalización en su vertiente de libertad de movimiento de las personas ha permitido a que ciertas actitudes y valores periféricos se hayan instalado en la cultura occidental, pero nada que ver con la pérdida de valores culturales producidos en las periferias como consecuencia de la irrupción Occidental. Actualmente, con ciertos matices, la convergencia cultural es más que un hecho. Podríamos decir, por lo tanto, que si no fuera por influencia externa todo habría transitado por la senda de la acomodación o, por lo menos, los cambios se habrían producido con mayor lentitud. De hecho, hasta la presencia de estos agentes externos, cada cual se siente en mayor o menor medida identificado por aquello que conoce.

Con la globalización cultural, a medida que avanza la sociedad global hacia el mestizaje de las culturas, las localistas van dejando tras de sí sus respectivos hechos diferenciales. Otras veces han tenido que ser variables económicas las que han provocado la decadencia de grandes imperios o reinos, como en Occidente. Una estructura que durante siglos configuró su realidad social y política empezaría a desmoronarse a principios del siglo XIX. La modernidad amparada en la tecnología impuso cambios en las relaciones sociales que, a su vez, desembocaron en una crisis de la institución de la familia, despojándola de sus funciones en favor del individuo. Ahora es el individuo, y no la familia o la comunidad, el nuevo centro de la organización social. Los éxitos o fracasos de la sociedad se patentarán a partir del esfuerzo personificado en el individuo. Esto equivale a decir que se ha producido un cambio en las preferencias sociales: ahora son las preferencias económicas las que se han impuesto sobre cualquier otra relación humana y donde cada individuo trata de fijarse en las compensaciones económicas que le aporta tomar esta u otra decisión y el momento preciso. Esta es la nueva sociedad, en la que el hedonismo personal o la cultura del lucro es la bandera. No hay espacio para la familia. Ni para proyectos solidarios o compartidos. El individuo se ha convertido en un producto igualmente intercambiable en ese gran mercado de consumo, aunque con ligeros matices. Lo comentaremos más adelante. Y la solidaridad es utilizada más como producto de marketing que por un deseo por conseguir una sociedad más justa. Pero, a su vez, con el empuje de las ideologías progresistas, que han ido dejando huérfana la concepción clásica de la familia, se van configurando nuevos modelos de ésta. Cuestión que también retomaré más adelante. Esta es la nueva sociedad, en la que los primeros despojos son los abuelos, luego los padres. Ahora son las parejas. Las uniones (matrimonios o no) son contratos de obra y servicio, de perennidad intencional. Cualquier viento, sobre todo, cuando las condiciones económicas lo aconsejen, determinará su fecha de caducidad.

En ese cambio de tendencia se incrusta el debate sobre posibles modelos de justicia social: liberales como John Rawls, Robert Nozick o Ronald Dworkin defenderán aquella que premie méritos personales frente al igualitarismo (o liberalismo positivo) sostenido, por ejemplo, de Brian Barry o Thomas Nagel. Discusión sobre la que igualmente volveremos más adelante. Sin duda, en esa búsqueda de triunfos personales no hay espacio para mirar de frente y ocuparse de las preocupaciones de la comunidad. Más bien, la indiferencia parece haberse instalado quehacer cotidiano y habitual, cuyas consecuencias "para una persona indiferente el sufrimiento del vecino carece de importancia". "No responder a su dolor, afirma Elie Wiesel, ni aliviar su soledad ofreciéndole una chispa de esperanza es exiliarnos de la memoria humana. Y al negar su humanidad, concluye Elie Wiesel, traicionamos la nuestra[5]". En efecto, nuestra indiferencia y atomización conveniente en ocasiones nos aleja cada vez del juego social, mientras que los compromisos pasan a ser contratos de duración determinada, dependientes precisamente de la conveniencia de cada momento.

---

5   Véase el Discurso de Elie Wiesel en la Casa Blanca sobre los peligros de la indiferencia, el 12 de abril de 1999.

1.5.- Valores y Derechos colectivos

Esto nos lleva a poner en duda la concepción de valores universales.

1°.- Para empezar, no podemos estar de acuerdo con que una comunidad comparte plenamente los mismos valores, entre otras razones, debido al carácter atómico de las personas. Somos tan diferentes que ningún genoma es igual al otro y porque esa búsqueda de satisfacciones individuales no permite compartir objetivos, como no sea por intereses o por persuasión.

Tampoco podemos estar seguros de que estos valores sean definidos ni mucho menos definitivos. Hay, sin embargo, una aproximación en aquellas cuestiones consideradas como esenciales. Aquellas que Santo Tomás de Aquino tuvo a bien llamar Derechos Naturales: el derecho a la vida, por la sencilla razón de haber sido concebido o nacido; el derecho a alimentarse, como necesidad fisiológica esencial para la vida; derecho a ser libre, porque es un don divino, según los creyentes, o simplemente porque es una condición humana; derecho a ser feliz, como aproximación a la libertad; y así unos cuantos más. Aun con todo, tampoco podemos generalizar en la valoración o momento que cada uno otorga a los demás. Nos conformamos con que una determinada mayoría social, en determinados periodos de tiempo, apruebe estos u otros valores.

2°.- Porque la conveniencia de cada uno, una vez superados unos tabúes o las rigideces de determinadas leyes, se impondrá a determinadas valoraciones morales. Volveremos sobre este particular.

De esta manera, la cuestión de los valores universales bien podría concretarse en valores generales: a diferencia de lo que ocurre con los derechos, los valores son coincidencias subjetivas, con lo que nos gusta. Mientras que los derechos son coincidencias objetivas; se sustentan sobre lo que nos interesa. Por eso, mientras que los valores son innatos a la persona -aunque puedan experimentar cambios a lo largo de nuestras vidas-, los derechos generalmente son conquistas.

Analizando algunas de las cuestiones esenciales enumeradas anteriormente, nos encontramos, incluso, con debates conceptuales. Por ejemplo: cuando nos referimos a la defensa de la vida asistimos a una primera división entre los que defienden el origen del hombre según el Antiguo Testamento y los defensores de la teoría de la evolución darwiniana. Los primeros sostendrán que se trata de un regalo divino. Solo él (Dios) tiene la prerrogativa de quitárnosla de la misma manera que nos la dio. Desde la Democracia Social, por ejemplo, la vida es el supremo bien que estamos obligados a preservar y defender desde la concepción del no-nato. Sus detractores, al contrario, la defenderán siempre que las condiciones en las que debe desarrollarse sean favorables o siempre que su gestación no comprometa a su progenitora. En caso contrario, el aborto o la eutanasia serán tenidos como el remedio más adecuado. En relación con el aborto se han escrito y debatido dos posiciones irreconciliables. Los detractores consideran que se trata de una cuestión que atañe al no nacido. Un sujeto con todos los derechos, como todos los demás, donde la madre lo que hace es albergar en su seno una vida independiente de la suya misma. Mientras que los pro-abortistas sostienen que se trata de un derecho de la mujer: derecho a decidir, ya que incumbe al libre desarrollo de su personalidad. Sin embargo, los mismos defensores del aborto se contradicen cuando a la hora de legislar sobre este particular calibran, por la ley de plazos, dos derechos: la libertad de la mujer embarazada y la vida del feto. Durante los primeros días o meses del embarazo primará el derecho de la mujer, al ser el feto tan solo un ser vivo sin matices, diría una ex-ministra socialista española. Superado el plazo legal establecido, el ser vivo pasa a ser, además, humano. Es a partir de entonces cuando adquiere los mismos derechos que todos los demás. En cualquier caso me parece una exageración patentar el *derecho a decidir* solo a ellas. Ellos, por si acaso, preferirán mantenerse al margen. ¡Ay de aquel que reclame opinar por su parte alícuota! Sobre él recaerán todas las críticas machistas. Mientras tanto, la valoración de la madre y, sobre todo, su conveniencia son determinantes en su decisión: aborta porque no le conviene tirar adelante con el embarazo, que en muchos casos no ha sido forzado ni peligra la vida de la madre. En este sentido solo sus cálculos de un futuro inmediato condicionan su decisión; en el caso de las anti-abortistas es la moral de la madre la que determina su decisión de no abortar. Retomaremos este tema con un ejemplo cuando hablemos de la moral y la conveniencia.

Mayor controversia encontramos a la hora de hablar de la felicidad. Un término tan discutido como discutible. Porque, ¿cuándo se es feliz?¿cómo se manifiesta? o ¿cuáles son las circunstancias previas que se deben dar?, son algunas de las interrogantes que dificultan su correcta definición. Sus posibles respuestas nos aproximarían más bien al cam po filosófico. Por ejemplo, Aristóteles asocia la felicidad con la perfección de la persona. Es así que en su ética de fines asegura que "para ser feliz, habrá que perfeccionarse, buscando la excelencia en todas nuestras características físicas e intelectuales[6]". Eso es tanto como afirmar que todas nuestras actuaciones están orientadas hacia unos fines, que acaban dando sentido a nuestras vidas. Siendo así podríamos haber encontrado respuesta a algunos de nuestros interrogantes: somos felices cuando nuestras metas son alcanzadas, y el grado de satisfacción dependerá de la dificultad o facilidad con la que las alcancemos y, además, en esto dependerá de la carga emocional que cada uno sostenga. Para algunos, cuanto más fácil, mayor satisfacción, mientras que otros estarán en verdadero estado de éxtasis cuantas mayores dificultades hayan tenido que lidiar. Otros sentirán mayor satisfacción en las primeras batallas y otros tantos en las últimas. Y así un largo etcétera. Supongamos que a los seguidores del F. C. Barcelona les encuestaran sobre el partido de mayor satisfacción; muchos se quedarían con el Iniestazo de aquel partido agónico frente al Chelsea. Aquel gol en las postrimerías del partido, que a la postre certificaba el pasa a la final de Wembley, sería más valioso que la misma Copa de Europa ganada unas semanas después. Otros, posiblemente preferirían el 2-6 conseguido

6   Gómez Rivas, León M.ª: *Ética en las ciencias sociales*, Ed. Delta, pág. 84.

en el Santiago Bernabéu por aquel Barça de Messi, Eto'o, Iniesta, Xavi y compañía frente al Real Madrid. Una victoria tan contundente, con un juego estelar, ante el eterno rival, en su feudo, que quedará grabada por siempre en su retina. Si al General estadounidense George Smith Patton (hijo) le preguntáramos por su día o hazaña más feliz, no habría dudas: el desembarco de Normandía, aquel 5 de junio de 1944, por los fines obtenidos. Y así, todos y cada uno de nosotros -por más o menos penurias que pasemos- sentiremos en algún un instante de nuestras vidas la sensación de felicidad. De manera que, debido a que la felicidad dependerá de un conjunto de motivaciones y emociones, podemos aventurarnos en afirmar que se trata de un estado anímico o emocional personal, temporal, intransferible y extrapolable en el que una persona se siente a gusto. No es posible, por lo tanto, hablar de una felicidad siquiera familiar o de un colectivo, sino de una suma de felicidades individuales. Eso sí, habrá familias o colectivos más o menos satisfechos en términos de compañía o de satisfactores; más o menos compenetrados, en términos de cooperación, confianzas y sinceridades; etc.

Esta dificultad por generalizar valores es la que tampoco permite hablar de Derechos Universales, como no sea por pura imposición dogmática como en el caso de la Carta de Atlántico (1947), porque excluyó otros derechos básicos para otras civilizaciones, por ejemplo, el derecho del bosque para aquellas tribus remotas de las amazonas, o de las tierras de los indígenas latinoamericanos. Aunque a diferencia de los valores, se podría universalizar la concepción de los derechos a partir de un consenso integrador de las valoraciones de las diferentes comunidades sociales. Esta redundancia se hace necesaria toda vez que, a diferencia de los valores que son personales, como se viene sosteniendo; sí es posible configurar un cuerpo de derechos humanos por colectivos sociales. Pretender ignorarlos o censurarlos porque se alejan en todo o en parte de los nuestros sólo responde a un intento por imponer nuestro modelo. Porque, como ya lo dijimos, en realidad no existen culturas buenas y malas tan sólo diferentes. Lo demás entra en el campo de la oratoria, arrogancia o prepotencia.

1.6.- Valores humanos y su temporalidad

Generalmente los valores humanos a secas quedan asociados a los valores morales, entendidos estos como aquellos que toda persona debe defender en el marco de la dignidad de la persona. Dentro de su amplio abanico podemos señalar, aunque no de manera exclusiva ni excluyente, a seis de ellos: la Fidelidad, esencial en las relaciones sociales, porque es, por otra parte, una manifestación de lealtad; la Coherencia, sinónimo de la sinceridad, que nos permite actuar de acuerdo con nuestros principios; la Honestidad, que nos permite manifestarnos con objetividad; la Responsabilidad, o la capacidad de cumplir con los compromisos contraídos y de responder por nuestros actos y opiniones; la Puntualidad, como fiel reflejo del interés que despierta en la persona el compromiso adquirido; y la Decencia, como la consciencia de la propia dignidad humana. No obstante, conviene establecer una diferencia entre valores individuales y los valores generales. Los primeros se refieren a aquellas estructuras cognitivas que favorecen la realización de la persona y determinan su manera de actuar dentro de un sistema social. Esto es, a su vez, como consecuencia de que el subjetivismo de cada uno es el mayor determinante de sus preferencias. Las preferencias individuales se convierten en generales por el imperio de la ley, de manera que para que las mismas sean aceptadas, se tiene que imponer el mensaje del consenso o, en su caso, tendrá que haber un órgano persuasor que imponga su aplicación. Ambos casos tienen que ver con el momento histórico y la evolución de la sociedad. La progresiva adaptación del individuo al medio es un fenómeno propio de todas las sociedades humanas, desde que las conocemos. Y, en todo caso, una vez más, la conveniencia es un determinante esencial. Un claro ejemplo de esto lo encontramos en las creencias religiosas. Después de varios años sin ir por África, en un periodo de cinco meses visité por dos ocasiones un país centro-africano. En ambos viajes me sorprendí del ímpetu con que se practica el culto. Los domingos se convierten en verdaderos días de fiesta, dedicados al Señor. Un auténtico fenómeno de masas, generalizado en toda la África negra. Nada que ver con la Europa desarrollada, en la que estoy afincado de hace más de dos décadas. Varios de mis interlocutores coinciden en señalar como respuesta a tanta devoción la pobreza material en que viven estas sociedades. Necesitan creer en algo. Y qué mejor que en Dios. A falta de la abundancia material, la inversión humana debe orientarse hacia una futura rentabilidad espiritual donde el único soporte está en las Sagradas Escrituras. Desde aquí se multiplican las órdenes religiosas y las iglesias. La cuestión es tener a toda la población entretenida los domingos. No se pretende decir con ello que sea malo. Tampoco se critica. Se trata de hacer un análisis comparativo entre el maestro (Europa) y el discípulo (África). La América Latina vive situaciones similares. Sin embargo, esto no pasa en la Europa que nada en la abundancia material, que es la misma que llevó la Biblia a África a cambio de sus insumos y de abolir sus creencias animistas. Aquí los domingos y fiestas religiosas son días de descanso, de reposición de fuerzas para afrontar los siguientes retos, en busca cada vez más de una mejor rentabilidad material. Las iglesias y centros de culto quedan como lugar de reencuentro de gente mayor. Aquellos que vivieron también, como los africanos ahora, la pobreza material. Y en todo caso para aquellos que quieran lucir indumentarias en primeras comuniones y bodas. Después, hasta la próxima ocasión que se presente.

Lo mismo pasa con la nueva conceptualización de la familia. Aquella estructura tradicional, multipersonal y heterosexual va quedando en desuso, en la nueva sociedad desarrollada, dando paso a nuevas formas celulares sociales, lo cual impone la exigencia de ajustar las normativas según tendencias del momento. Las nuevas ambiciones personales permitirán desviar cada vez menos esfuerzos a causas familiares, por lo que el radio familiar de antaño deberá ir adoptando un nuevo diámetro. Es de esperar que con el tiempo haya tantas formas de familia como posibles combinaciones.

II.- MORAL Y ÉTICA - CONVENIENCIA Y LIBERTAD

2.1.- Ética y Moral

"...toda acción consciente tiende hacia algún bien", Aristóteles

Aunque etimológicamente haya poca diferencia entre ellas, de hecho se utilizan como sinónimos; se trata de valores que responden a cuestiones diferentes: mientras que la ética (del griego *ethos*) viene a significar el fundamento (o suelo) sobre el que descansa nuestra conducta adquirida y moldeada por un conjunto de hábitos repetitivos, la moral (*moralis*, según los romanos, o *mores,* en latín) responde a normas (no escritas) destinadas a marcar las pautas para la vida diaria de las personas dentro del grupo social. Dicho de otra manera: la ética, como ciencia de fines que es, reflexiona sobre los actos de la moral, si son buenos o malos, si son válidos o no determinados comportamientos; la moral se limita a ejecutar aquellos deseos o responsabilidades "libremente" asumidos. Es esta parte visible de nuestro compromiso que es reo de censura por parte de los demás. Así, las acciones buenas se asociarán con la racionalidad. Dicho así, la moral nos reclama actuar correctamente. El que se comporta de forma racional, en cumplimiento de su deber -diría Immanuel Kant- es moral. Los otros podrían ser amorales o inmorales. Mientras los amorales son aquellas personas que no poseen valores morales, o sea, no tienen el sentido de la moralidad, no saben lo que es bueno o malo (como los niños); la inmoralidad se utiliza para referirse a aquellas personas que se rebelan ante las buenas costumbres o normas cívicas establecidas. Corrientemente podríamos denominarlos como los anti-sistema. Saben diferenciar lo bueno de lo malo, pero se niegan a cumplir con las normas establecidas. Pero, ¿cómo se puede afirmar que una persona es inmoral?¿El hecho de que actúe o piense de manera diferente a los demás es suficiente para considerarle inmoral? Si así fuera, probablemente la sociedad en su conjunto sería inmoral, ya que nuestras valoraciones personales hacen que mayoritariamente pensemos de manera diferente. Una cuestión distinta es que, desde un imperativo (legal o social), exista una tendencia generalizada a ser morales. Es este poder persuasivo el que determina nuestra sociabilidad. Los otros, aquellos que van en contra de las normas o leyes, los que se rebelan contra las conductas establecidas, serán considerados como inmorales e incluso como anti sistema.

A partir de aquí es posible establecer pautas de conducta comunes a través de la moral, fundamentada en la ética, necesarias para identificar una determinada comunidad. De hecho, la estabilidad de los sistemas sociales requiere la presencia de un sistema de valores compartidos por la mayoría de sus miembros. Es, por una parte, la base desde la cual se cimenta el consenso social. La comunión de objetivos triviales, aun cuando se difieran las herramientas para su consecución, posibilita el diálogo entre los actores. Esto es más palpable en las llamadas sociedades democráticas donde las interacciones comunicativas entre los diferentes actores, además de posibilitar una acción política de sus miembros, hacen que los mismos adquieran la condición de ciudadanos. Es decir, miembros de pleno derechos (políticos y sociales) a la vez que ven reconocidas sus posiciones como actores políticos. Salirse o no del guión nos sitúa en una u otra orilla. De aquí que el filósofo alemán Friedrich Nietzsche considerase que «no existen fenómenos morales, sino sólo una interpretación moral de los fenómenos». O sea, una interpretación positiva de nuestras acciones.

Por otra parte, este sistema de valores crea el sentimiento de la identificación social. Por ejemplo, en las sociedades tradicionales, los tatuajes y ritos no solo representan su singular manera de manifestarse sino que también son una base fundamental por la que se construyen acuerdos de convivencia y por ellos lucharán y defenderán su identidad. Por supuesto que estos valores están sujetos a cambios a medida que se van produciendo modificaciones significativas en las tendencias sociales. Esto explica que ciertas culturas hayan perdido su esencia para abrazarse a la modernidad. Incluso así, la censura de lo socialmente correcto nos impone el deber de actuar con ética y moral. Cuestión diferente es que ambos estadios difieren de una sociedad a otra y de un periodo histórico a otro. No es posible equiparar, por ejemplo, las valoraciones morales (o éticas) de un pescador de Punta Mbonda -una población de la Provincia del Litoral de Guinea Ecuatorial- con las de otro pescador de la Costa de la Muerte de Galicia -España-. Incluso tratándose de la misma localización geográfica, póngase por caso Punta Mbonda, estas valoraciones difieren de momentos históricos y circunstancias.

2.2.- Moral y Conveniencia

"Todo el mundo busca la felicidad", Aristóteles.

Esto nos lleva a reflexionar sobre la parte legal de la moral. Puede decirse que la moral forma parte de esa conducta humana proyectada hacia la felicidad –entendida siempre en los términos anteriormente expuestos- o placer de los demás: hacemos esto o aquello para la normalidad o conveniencia de los demás. J. Stuart Mill, por ejemplo, en su teoría del utilitarismo, sostiene que "la moralidad de toda acción viene determinada por la utilidad que dicha acción reporte a los demás". Como él, los defensores de esta teoría ética consideran que la "maximización del bienestar para mayor número posible de personas" es la expresión más valiosa de la moral; utilidad que, en términos filosóficos, se asocia con la felicidad de las personas[7]. En cierta medida comporta un grado de censura e incluso de persuasión encubierta. En ocasiones, la represión legal o social nos empuja a actuar de manera diferente de nuestra verdadera voluntad. El qué dirán los vecinos del portal, compañeros de trabajo, los de aquí o allí, qué pensará de mí mi esposo o esposa y mis hijos etc., es esa parte de represión social invisible que actúa como una verdadera losa en nuestras vidas. Se diferencia del deber porque este se circunscribe al ámbito de un compromiso asumido. Por el ejemplo el de los padres para con sus hijos, o cuando aceptamos una responsabilidad laboral y asumimos el deber de

---

7   *Ética en las ciencias sociales*, págs. 47-48.

cumplir con unos requerimientos: cuidar de ellos o ejercer unas funciones. En la moral acatamos unas valoraciones de un grupo social para no desentonar. Estar en la onda de los modelos públicamente propuestos nos tranquiliza porque no nos hace sentirnos extraños, ni los demás nos consideran raros o fuera de la moda. Una especie de conveniencias que se han convertido en imposiciones encubiertas para los demás. Este tipo de mimetismo social se manifiesta entre los jóvenes sobre todo con la moda: manera de vestir, peinarse, caminar o expresarse. Para los menos jóvenes, la moral quedará identificada con determinadas pautas de comportamiento: trabajos de reputación indiscutible, la dignidad, o la fidelidad son algunas de ellas.

La conveniencia, sin embargo, viene a responder a una necesidad: satisfacer la autoestima o aliviar situaciones complicadas. ¿Qué pasa cuando nos liberamos de las cadenas de la moral? ¿Cuándo somos capaces de vencer esos tabúes? Es entonces cuando nuestra conveniencia o necesidad se impone a la moral, por ejemplo, en el momento en que decidimos arreglarnos de una u otra manera, adquirir uno u otro objeto, estar o no con tal o cual persona, hacer esto o aquello, pertenecer o no en este o ese grupo social, etc. En todos estos casos, la moral se manifiesta no como una serie de valoraciones fijas sino condicionadas a circunstancias e intereses. En estos supuestos es frecuente escuchar frases como: "ahora soy yo mismo porque hago lo que me da la gana. Ahora me gusto a mí misma". O lo que es lo mismo, como sostiene Arthur Schopenhauer, una persona manifiesta ser libre "cuando puede hacer lo que quiere[8]". Estas y otras manifestaciones se asocian con la libertad, felicidad o desahogo de una tensión largamente acumulada. Es el alivio que uno de los conyuges siente cuando la pareja se disuelve. En estos casos, la conveniencia está respondiendo a la necesidad de autoestima. La otra respuesta de la conveniencia tiene que ver con la satisfacción de objetivos o necesidades personales y se produce, por ejemplo, cuando ejercemos actividades que en condiciones morales son criticables. En algunos casos las mantendremos en absoluto secreto, para preservar una falsa dignidad. Son los casos en los que generalmente se dice hacer doble vida, por necesidad o incluso por capricho. Normalmente, cuando dicha necesidad desaparece, cuando la persona cree haber cumplido los objetivos que le motivaron a actuar de esta forma (ahorrar dinero necesario para acometer un proyecto, conseguir un aumento salarial, un contrato indefinido o probar experiencias nuevas), cesará en esa *doble vida*, a menos que la haya convertido en hábito. Puede ser el caso de aquellas personas que ejercen la prostitución activa o pasiva, o se ven con el jefe o jefa, compañero(a) de trabajo, etc. En una escala superior, cuando la necesidad es apremiante o la situación es límite, nos vemos forzados a aceptar trabajos o proposiciones (cuasi) límites; por ejemplo, si el mercado laboral es muy precario, afloran salarios de propina y ciertos chantajes de los superiores a los subordinados. La necesidad de seguir cubriendo imprescindibles del día a día acaban minando la moral del necesitado. En situaciones de vida o muerte (propia o de algún familiar), por ejemplo, el chantajista puede acabar

---

8   *La libertad de la voluntad.* Alianza editorial, pág.49.

saliéndose con la suya. Lo mismo pasa cuando la publicación de determinada información puede acabar comprometiéndonos. De la misma manera que cuando la justicia no es justa por prevaricación. Si aceptamos que la justicia es una característica de orden social, quien la imparte debe actuar según el derecho y la razón, dando a cada uno lo que le pertenece. Se trata, en definitiva, de ser equitativos ante situaciones similares. Sin embargo, no es difícil de enumerar situaciones en las que esta norma singular es infringida. Cuando se viola este principio de imparcialidad estamos ante situaciones de doble moral por conveniencia. Tratamos situaciones similares según criterios diferentes. Los casos más llamativos son, por ejemplo, las guerras. Basta con observar con qué ímpetu se suele defender la conveniencia de las guerras "legales". El "no matarás" se convierte en necesario. Ni la moral más objetiva puede contradecirlos, argüirán razones moralmente justas a esa sinrazón. Pasa lo mismo con las sentencias injustas dictadas a sabiendas, por callarse (no rebelarse contra el poder establecido) o por beneficios propios. El racismo o la discriminación de género son tan solo algunos ejemplos de este amplio abanico.

Recuperamos aquí el tema del aborto y la eutanasia con ejemplos para mostrar y analizar el papel de las conveniencias en ambos supuestos. Veamos qué pasaría si ambas futuras madres, (pro-abortista y no) embarazadas dentro del periodo permitido para el aborto según legislación del país en cuestión, sufrieran un atropello imprudente y como consecuencia del accidente fallecierann los fetos. De entrada, el hecho sería tipificado por igual con independencia de las valoraciones de las madres. Y en caso de alguna indemnización, ninguna de las madres renunciaría a tal resarcimiento. En este punto, la conveniencia económica impondría su ley. Parecido ejemplo podemos poner en el caso de la eutanasia. Defensores y detractores propondrán sus repertorios dialécticos, a favor o en contra, pero ninguna de las partes renunciaría a una posible indemnización si el desenlace fuera consecuencia de una imprudencia de terceros sin el consentimiento del fallecido o familiares.

Pero si analizamos el recorrido histórico de la conducta humana y social, nos encontramos con que este debate (moral y conveniencia) es el resultado de la evolución misma de la sociedad: a medida que va avanzando hacia posiciones tolerantes y de libertad de actuar y opinar van tomando mayor fuerza las posiciones convenientes sobre las morales. Escenario que, a su vez, limite los espacios de la paciencia y compromisos de larga duración. Las relaciones sociales cada vez se van articulando en términos de especulación. Esto es más frecuente en las relaciones actuales de pareja, lo veremos más adelante.

2.3.-La libertad conveniente

"Cada hombre es lo que es por su voluntad". Arthur Schopenhauer.

A lo largo de los próximos capítulos hablaré bastante de

la libertad. Por ahora me limitaré a analizar la proximidad que existe entre la misma - cuando luchamos por ella- y nuestras conveniencias. Y es que en todos los supuestos que se acaban de analizar se observa que los intereses y preferencias del individuo orientan su conducta en detrimento de los intereses colectivos. El comportamiento moral se vuelve insolvente, se desmarca de lo social, para incrustarse en lo privado, en el yo. Y es que cuando los individuos pueden perseguir sus intereses individualmente, por lo general no lo hacen solidaria ni colectivamente. Esto explica también el hecho de que cuando los objetivos personales son alcanzables individualmente, aun cuando profesamos unas ideas, a menudo, las infringimos con nuestros actos.

Esto nos lleva a plantearnos otro debate: si el individuo en cuestión actúa en el ejercicio de su libertad, o por el contrario es el egoísmo -conveniente- el que condiciona su actitud. Y, en cualquier caso, cuál es el coste de la misma, desde el punto de vista de la responsabilidad, y cuál el resultado final que se pretende. Esto nos lleva a plantear el debate sobre los diferentes estados de libertad y la responsabilidad de la libertad. Entre medio están los estados emocionales de cada persona que pueden inducirnos o no a ejecutar una acción.

Desde una perspectiva propiamente de libertad, Amartya K.Sen nos da luz sobre el particular al diferenciar entre la *libertad de bienestar* "que se centra en la capacidad de una persona para disponer de varios **vectores de realización**" y gozar de las correspondientes consecuciones de libertad" y la *libertad de ser agente*. Esta otra permite a la persona "hacer y conseguir en la búsqueda de cualesquiera metas o valores que considere importantes". Es decir que en la libertad de bienestar se focaliza sobre un objetivo en particular cuya realización exige una previa y acertada elección del "**vector de realización**[9]". Este comportamiento podría asociarse a la moral siempre que el objetivo o la consecución de algo en particular se plantee condicionado a las conveniencias de los demás. La libertad de ser agente, en cambio, se plantea desde una condicionalidad más abierta, la de conseguir cualquier cosa que la persona decida conseguir. En ocasiones, con este propósito, no se escatimarán vectores de realización. El fin lo justificará todo. En este caso, cuando esta condicionalidad abierta no va asociada a una disciplina o una cuidadosa selección de objetivos o propósitos, las actuaciones del individuo en cuestión están motivadas por su egoísmo-conveniente. En su evitación, la libertad de ser agente debe ir asociada con la responsabilidad de "entrar en los cálculos morales", tal y como sostiene Amartya Sen, para su consideración como agente libre y responsable, además de persona en sí. Por supuesto que para Amatya Sen la libertad es el fin que se debe perseguir en todo proceso de desarrollo; o lo que es lo mismo, que mediante el desarrollo, lo que en definitiva estamos buscando es la expansión de nuestras libertades. Un proceso que debe desarrollarse desde la responsabilidad. La Responsabilidad se asociará, por lo tanto, con la asunción de las consecuencias derivadas de la libertad de acción o de expresión de la persona. Una especie de obligación moral que pesa sobre cada individuo para reconocer los resultados de su libre elección. Si, por ejemplo, como consecuencia de nuestra libre

---

9   A. Sen: *Bienestar, justicia y mercado*, Paidos, pág. 62 y siguientes.

elección causamos daños a terceros, la responsabilidad de dicha elección debe ser igualmente asumida por nosotros, de manera que la libertad (de acción o de expresión) no debe estar sujeta a juicios previos, pero sí a las responsabilidades posteriores de dicha elección. Por lo tanto, nos referiremos a una persona responsable cuando, como consecuencia de un acto consciente y libremente ejecutado, sea capaz de asumir las consecuencias derivadas de dicho acto. La Felicidad se presenta en este juego como satisfacción personal derivada de una feliz culminación de un acto. Es el último eslabón al que aspiramos todos; previamente tendremos que transitar por la senda de los deseos, emociones y creencias. La toma de decisiones responsables -en los términos descritos- y la ejecución de las mismas nos llevarán hacia el éxito, la felicidad o al fracaso.

2.4.- Más sobre la libertad

"Cuando un hombre quiere, quiere algo". Arthur Schopenhauer.

La libertad, tal y como la hemos presentado, nos podría inducir a pensar que se trata de una conquista humana, cuando en realidad la persona desde su concepción atómica nace plenamente emancipada. Una dimensión autonómica que I. Kant asocia con la razón. Es decir que la libertad que permite a la persona pensar y actuar debe circunscribirse en un marco de responsabilidad personal y social de sus actos. Así, por ejemplo, los esclavos, presos u oprimidos, al no poder responder de sus actos, de los que tan siquiera son el resultado de sus decisiones, no pueden considerarse libres.

A su vez, el hecho de asociar la libertad con la asunción de responsabilidad abre otro debate respecto de aquellos que siendo libres no se les puede responsabilizar jurídicamente de sus actos: díganse los enajenados mentales, ancianos o niños. En estos casos cabría readaptar o matizar los diferentes estados de libertad. Cuestión que se desmarca de este trabajo. Pero sí, ciertamente ello nos permite afirmar que no habiendo un término universalmente aceptado del concepto de libertad por su abstracción, nos queda conformarnos con que se trata de una facultad humana por la que le permite llevar a cabo una acción de acuerdo con su voluntad y respecto de sus creencias, valores y estilo de vida. Pero habría que analizar otras dimensiones a la hora de llevar a cabo una acción: convicción o resignación. En el primer caso estamos ante esa predisposición que adoptamos en la realización de unas conductas porque creemos que son las que mejor sintonizan con nuestra conveniencia sin que por ello se infrinjan determinadas normas morales. Podríamos decir, en ese sentido, que la convicción está a caballo entre la moral y la conveniencia. Veamos por ejemplo lo que ocurre, a menudo, en determinados países en los que la libertad está secuestrada (analizaremos más adelante sus efectos) por sus dirigentes. En ellos, no es difícil encontrarse con determinadas personas que, si bien en un principio no sintonizan con el sistema, pueden acabar considerando sus directrices como las más adecuadas. En un principio asumen por conveniencia personal sus dictados. Su implicación paulatina en el juego, con el paso del tiempo, puede acabar minando sus reticencias. Es entonces cuando sus críticas al modelo, bien por monotonía o por los beneficios que vayan recibiendo de él, acaban convirtiéndose en elogios. Actúan por conveniencia, porque se benefician o satisfacen sus necesidades pero también porque la nueva moral les permite salir siempre en la foto. Dejan de ser extraños en el país de los "normales". En la orilla de enfrente están los que actúan por resignación. Posiblemente sea una de las grandes humillaciones. Una clara manifestación de la violación de las libertades. Pero, ¿que más les toca hacer si quieren salvar el pellejo? Aguantarían estoicamente todas las contrariedades con buena cara, si fuera necesario. No les gusta lo que les rodea ni lo que escuchan. Tampoco sacan rédito en esas aguas revueltas. Sin embargo, allí estarán para evitar males mayores; aplaudirán los discursos demagógicos mordiéndose la lengua; saldrán quemados de esos escenarios, a los que volverán en la siguiente llamada, sin dejar huella de su malestar. Digamos que sus principios están erosionados, pero su conveniencia negativa les impedirá cualquier manifestación discordante.

2.5.-La conciencia y conducta moral

Mi reflexión se desmarca del campo de la conciencia psicológica: aquella que da fe de la existencia de los diferentes elementos que constituyen la estructura del yo. Y aunque, en cierto modo, la conciencia moral complementa y enriquece a la psicológica por cuanto que permite valorar los actos de ese sujeto, me quiero referir, en este trabajo, solo a aquella conciencia que nos permite emitir dictámenes sobre nuestros propios actos. Cuando somos jueces de nosotros mismos es cuando normalmente utilizamos la expresión que **soy o estoy consciente** para referirnos al conocimiento que tenemos de nuestro ser o existencia y del entorno en que nos encontramos. De hecho este término, que procede del latín *conscientia*, viene a significar la propiedad que todo sujeto tiene en un momento dado de su propia existencia. También se aplica a la capacidad humana de juzgar sobre el bien y el mal, en consecuencia podemos afirmar que la conciencia es un estado intencional. En este sentido, podemos decir que la conciencia moral es la cualidad o juicio moral que se ejecuta libremente y se adquiere mediante un proceso educativo desde la infancia. La primera escuela es la propia familia, desde donde "el niño internaliza el mundo de sus padres como el mundo y no como perteneciente a un contexto institucional específico[10]". Superada esta etapa inicial será el entorno quien se encargará de ir amoldando y modificando su personalidad. Es cuando el niño convertido en adolescente y mayor constata que el mundo de sus padres no es el único que existe, que hay otras realidades además de las aprendidas de sus padres, y que el mundo de los padres solo tiene una localización concreta. "Este contraste a veces es el causante de las crisis que se producen después de la socialización

---

10   *La construcción social de la realidad*, pág. 176.

primaria[11]".

A su vez, estos juicios morales vienen constituidos por: A) **elementos racionales**, necesarios para la formación de los juicios. Es decir, para poder juzgar sobre la bondad o no de un acto. B) **elementos activos**, básicos para elegir los medios necesarios para conseguir un objetivo ya establecido. En este sentido podemos afirmar que la intencionalidad de la conciencia siempre apunta hacia objetos concretos. C) **sentimientos morales**, los que nos permiten sentir alegría o desencanto después de ejecutar una acción. Como quiera que nuestras acciones afectan directa o indirectamente a los demás, es por lo que en el ejercicio de nuestro deber se debe observar el cumplimiento de las normas establecidas. Este comportamiento moral acaba convirtiéndose en conducta obligatoria u obligación social regulada como garantía de la justicia social.

Por lo tanto, en ejercicio de la moral, las personas deben actuar correctamente. Es a su vez la manifestación de la observación de sus deberes morales. Aquellos que, como sostiene I. Kant, deben cumplirse sin más, solo por el hecho de haberse comprometido en hacerlos. En sintonía con Kant, el contractualismo de J. Rawls sostiene que la moral nos requiere cumplir con aquellos compromisos que hemos aceptado en cumplir. Con ello, la persona será censurada como buena, independientemente de cuál fuera el resultado de su acción[12].

---

11   *Op. Cit.*, págs. 176-177.

12   El contractualismo es visto desde la perspectiva liberal como una teoría mediante la cual las personas se adhieren libremente a una propuesta frente a varias alternativas. Esta aceptación voluntaria les lleva

2.6.- Las contradicciones humanas y la tolerancia

Podríamos entonces decir que nuestras contradicciones o valoraciones cambiantes son la esencia misma del ser humano. A veces, estas valoraciones inconstantes son consecuencia de las dudas que generamos con nosotros mismos. Es lo que complica las relaciones entre personas. Supongamos una persona que vive sola; decora su casa de una manera, posiciona los muebles de tal y cual forma y está a gusto. Transcurrido un tiempo, toda o parte de la disposición anterior ya no le gusta. Debe cambiarla. O cuántas veces nos ha pasado que a la hora de salir de casa ya vestidos de pronto recibimos órdenes de nuestra autoestima de que tal o cual indumentaria no acaba de encajar con nosotros, al menos para ese día o momento. Hay que cambiarla. Extrapolados estos o más casos en un radio familiar o social cada vez mayor, nos damos cuenta de lo complejas que son las relaciones sociales. Las contradicciones se multiplican y los desencuentros también. Tratándose de uno mismo, como en los ejemplos anteriormente citados, la discrepancia se resuelve con la nueva decisión adoptada. En la pareja una de las partes debe ceder sin caer en la resignación. Si se resigna una y otra vez, su autoestima se resiente y entonces viene el hastío. La relación se va tensando y acaba por romperse. Si hay tolerancia, que es como retirarse a tiempo para no entrar en la confrontación, el día a día se sobrelleva mejor. La tolerancia, a diferencia de la resignación, permite abrir espacios de debate posterior o negociación: hoy por ti, mañana por mí. En las relaciones sociales estas

a cumplir con los compromisos aceptados.

discrepancias se resuelven por consenso. Algo así como poner a debate nuestras ideas y valoraciones y sacrificar parte de ellas a favor de un bien común. Es así como se construye una sociedad de valores añadidos. En la orilla de enfrente estarán las posiciones intransigentes y de verdades exclusivas en donde la mayoría social queda excluida. No sintiéndose identificada con el modelo, no cesarán de buscar su propio acomodo. En un avispero de discordias latentes solo un poder perverso puede mantener una tensa calma. Tendrá que estar siempre vigilante para tener el rebaño amansado. Aquí el plus de valor de las personas se resume en la omnipresencia del poder absoluto. Quién, con la política de las hormigas (la segunda ha de seguir a la primera y la tercera a la segunda...), determinará lo que se debe hacer, cómo y para quiénes. Mientras que, en las sociedades construidas bajo consensos, es la persona atómica la que importa y la contribución marginal de cada uno es la grandeza del grupo; en las del poder absoluto, sin embargo, es el endiosamiento de la figura del líder el que tiene ocupado a toda la comunidad. Todo girará en torno a él y sus decisiones determinarán el rumbo de los acontecimientos.

2.7.- El valor de la persona.

Esa es la diferencia entre las sociedades atrasadas respecto de las desarrolladas. Mientras que las sociedades subdesarrolladas basan su esencia en el valor absoluto del guiador, las desarrolladas, en cambio, priorizan la capacidad o contribución de las personas. Es aquí donde entra en juego el valor de cada persona: algo tan abstracto como real que diferencia o posiciona a cada persona en un lugar y momento determinado, según su valía.

Ese rédito de si nos preguntáramos cuánto vale una persona, ni los microeconomistas más aventurados se atreverían a fijarle un precio de mercado. La respuesta más corriente, la que moralmente nos interesa escuchar, sería "no somos productos o no somos vendibles". Pero en realidad eso no es así. En el gran mercado (social, político y económico) formamos parte, en todos estos escenarios valemos lo que proyectamos o lo que somos capaces de ofrecer: das tanto, vales cuanto. Por supuesto que este valor nada tiene que ver con el de las cosas. Se diferencian en que mientras el de las cosas se refiere a su cualidad de ser intercambiables y consecuentemente limitado, el de las personas, sin embargo, es ilimitado porque las personas tienen una identidad propia que les hace irremplazables. ¿Qué pasa cuando nuestra capacidad de oferta -o en lo que estamos dispuestos a contribuir- o nuestras expectativas se resienten? Laboralmente estamos despedidos, políticamente defenestrados y a nivel familiar -social- ya no interesamos. Ni tan siquiera el pasado nos salva. Esto nos obliga a superarnos día a día. La mecha debe seguir encendida para no caer en el olvido. Debemos renovar continuamente las expectativas para seguir recibiendo saludos afectuosos e interesados y valoraciones óptimas.

Pasa lo mismo con el amor. Dicen en Europa que la monotonía aburre en la pareja; hay que sorprender siempre. Cuando flaquea la capacidad de innovarse y la economía familiar se tambalea entonces se produce el hastío y afloran todas las incomprensiones y defectos antes silenciados. Lo de ayer, que generaba afecto, admiración o apetencia, deja de tener valor. En las sociedades africanas, que están camino de abrazar de lleno el capitalismo, se está produciendo un fenómeno similar: los que viven en zonas menos desfavorecidas reciben con entusiasmo a sus familiares que vienen de las zonas más favorecidas, de las ciudades o de Europa, por ejemplo. Generalmente esta euforia, aproximación o aparente afecto, va decayendo a medida que transcurre el tiempo. Esta no es una depreciación causada por la erosión del tiempo sino por la contribución que dejan de ofrecer y/o por las expectativas que dejan de alimentar. De manera que las personas tenemos un precio. La cuestión es cómo cuantificarlo en términos de unidades monetarias. Ese es otro debate.

El **Precio del Valor** de la persona se remonta desde la propia existencia del hombre. Ya en las sociedades primitivas, por ejemplo, el valor social de los abuelos se reduce a ser transmisores de las culturas y al cuidado de los niños, como complemento de las madres, a cambio de un plato de comida afectivo. En las sociedades desarrolladas el valor familiar (o social) de los abuelos se mide por su colaboración en la recogida de los nietos de las guarderías o escuelas, por sus regalos y por lo que pueden dejar en herencia. A cambio recibirán una llamada telefónica de vez en cuando y una comida familiar de tanto en tanto en su casa. Los que no pueden cubrir esta contribución pasan a ser un estorbo. Políticamente, mientras eres un valor seguro o en alza gozas de todas las valoraciones. Una vez amortizado, pasarás al cementerio de los dinosaurios: algún puesto residual, representante de alguna fundación y poco más. ¿Y los ancianos? Para eso están los geriátricos, y los que no, deben vivir en la más absoluta soledad. Han pasado a ser un producto sin valor en el gran mercado.

El mercado laboral tiene su visión matizada de este valor; para empezar, la buena presencia es el primer examen a superar para acceder a un puesto de trabajo. Habrá que refrendarlo con la capacitación, con la ambición de superación y, tal vez, con algún que otro peloteo. Es decir, hay que crear expectativas continuamente. En algunas sociedades orientales, todavía hoy, el valor de la mujer se mide por su capacidad reproductora. La planificación económica condiciona tanto el sexo como el número y las cualidades de los natos que deben vivir. Y en todas, la jubilación es una manera fina de reconocer que "este producto" ya está casi amortizado. Su pensión por jubilación será la contraprestación por su valor residual. Podemos seguir ampliando la lista de ejemplos para demostrar que las capacidades individuales de cada uno (y colectivas) tienen un valor nada despreciable. O lo que es lo mismo, que somos un producto de mercado cuya cotización depende de variables no necesariamente económicas, la cual cosa dificulta su cuantificación en términos monetarios. Habría que encontrar su aproximada valoración en las expectativas que se ofrece en cada momento. Dicho de otro modo, es la conveniencia de los demás la que nos premia o castiga.

III.- JUSTICIA SOCIAL

3.1.-Importancia de la Justicia

En tanto que la población de una sociedad es desigual en cuanto a sus necesidades, preferencias, satisfactores, ambiciones, etc., se hace necesario arbitrar un equilibrio entre ellos a partir de lo que se podría entender como justicia social. Esto es como decir que la vida social entraña un sin fin de conflictos que enturbian la marcha tranquila de una convivencia; las valoraciones y los estados de ánimos individuales de por sí condicionan esa marcha tranquila. Establecer unos cauces razonablemente aceptables por todos requiere dibujar un espacio de arbitraje para las cuestiones que afectan la "**cosa común-pública**". La justicia social tiene que ver con la equidad en tanto que la lucha por la distribución equilibrada de bienes, que son comunes, o el deseo de una justicia (en términos jurídicos) equitativa son algunos de los componentes de lo que podríamos denominar como un sistema social justo. En su sentido comúnmente aceptado se trata de un compendio de decisiones, normas y principios que toda organización social considera razonables. Se trata también de definir cuáles han de ser las relaciones sociales consideradas admisibles o deseables, de tal manera que describan un estándar de justicia legítimo. Pero, ¿en realidad existe tal justicia social? ¿La percibimos todos como tal?, ¿somos, acaso, todos iguales ante la ley? Porque si no fuese así entonces estaríamos ante una mera imposición de conducta vivencial. De hecho así es.

En ninguna sociedad se mide con el mismo rasero el presunto comportamiento delictivo de un terrateniente que el de un modesto utilero. Entre otras razones porque mientras que el primero, por su estatus, está en condiciones de rodearse de los mejores asesores e influencias, no pasa lo mismo con el segundo. De manera que ante los mismos o similares hechos, unos parten con determinadas ventajas o desventajas que acaban declinando las conclusiones del juicio y otros gozan de ciertas inmunidades por razón de cargo o de determinadas prebendas que les hacen diferentes o les permiten vivir al margen de la ley. Eso es así desde la prehistoria, desde el origen de la división del trabajo y de las clases sociales. Ya desde esta época, por ejemplo, a las mujeres se les asignaba el cuidado de los hijos y de los ancianos, porque por su edad ya no podían cazar, mientras que los hombres eran los encargados de cazar, pescar y recolectar frutas. De alguna manera se empezaba a establecer una serie de categorías sociales.

La escenificación de estas capas sociales la encontramos en el feudalismo, con su organización social piramidal bien definida. En la parte más alta estaba el jefe espiritual; a continuación vendrá una amplia red de vasallos y subvasallos que cuanto más próximos estén al Papa mayores privilegios tendrán. Así se fueron tejiendo los diferentes anillos de inmunidades, desde los reyes, duques, condes, marqueses, propietarios de castillos hasta los caballeros. En realidad, son las mismas categorías sociales con las que nos encontramos en la actualidad en todas las sociedades, arropadas, eso sí, con trajes de diferentes colores. Determinadas jerarquías han sobrevivido a la evolución social de manera hereditaria: reyes, duques, condes, etc. En los países africanos estas jerarquías desaparecieron desde la irrupción del sistema colonial, a cambio, con las independencias, surgieron la de los presidentes y algún que otro emperador. El elemento común en casi todos ellos era su conversión a vitalicios. Con el correr del tiempo, a pesar de cierta aureola de aperturismo, algunos siguen anclados en la parte más alta de su particular Kilimanjaro, desde donde divisarán las llanuras de sus estados y guiarán las migraciones de sus ñus hacia ninguna parte. Para ello se rodearán de varios anillos de confianza, y a través de turbias maniobras intimidatorias, se van proliferando las sucesiones hereditarias, convirtiendo sus democracias en pseudoburlas. Es cuestión de tiempo. Supongo.

En Occidente estas maniobras están más disimuladas. Los presidentes (o jefes de gobiernos) acceden a la jefatura estatal o de gobierno a través de unas elecciones, con un programa de gobierno. Otra cosa diferente es lo que hagan después. Se atrincherarán en el poder hasta que agoten sus mandatos. Una especie de *dictadura de votos*. Las mociones de censura poco o nada pueden hacer mientras la mayoría parlamentaria del ejecutivo les respalde o puedan maniobrar con algún segmento de la oposición. Estos, por su parte, se aprovecharán de las debilidades del ejecutivo para obtener ciertas ventajas regionales. En los EE.UU. de América las cosas parecen algo mejor. Coptada la legislatura en un máximo de dos, al presidente solo le queda maniobrar a través de la Cámara y/o el Senado. Tanto en Latinoamérica como en Asia, si bien es cierto que las democracias van avanzando, no es menos verdad que varios presidentes siguen teniendo unas prerrogativas fuera de lo normal: la facultad de modificar y adaptar la constitución a su parecer les dota de unos poderes próximos a las dictaduras.

3.2.- La justicia y lo justo

Todo ello nos lleva a recuperar el debate arriba aparcado, respecto de la justica de méritos de liberales conservadores como Robert Nozick y la justicia igualitaria de Thomas Nagel. Previamente tendremos que justificar primero la necesidad de una justicia social como precepto para poder convivir con los demás, conceptualizarla después para acabar entrando de lleno sobre cuál es el modelo de justicia social más justo, valga la redundancia. En efecto, cuando Aristóteles define al hombre (persona) como *Zoon Politikón* considera que está llamado a convivir con los demás en sociedad, porque "quien no convive con los demás en una comunidad, o es una bestia, o es un dios", afirma. Pero para que esta convivencia se desarrolle con armonía, se deben articular unas reglas de juego adecuadas. Por su parte, Platón, en una de sus reflexiones sobre la moral y desde un punto de vista social, afirma que: "la convivencia en la *polis* debe ordenarse con criterios de justicia y desde el punto de vista personal el ser humano también debe regirse por un criterio de justicia[13]" Esto nos permite sostener, por lo tanto, que la justicia adquiere un papel preponde-

---

13   *Ética en las ciencias sociales*, pág. 18 y siguientes.

rante en la dirección y control social. De entrada, desde una fundamentación puramente cultural, este paquete de normas debe contar con un amplio consenso de los individuos afectos por ellas. Una vez así, habrá que codificar por estricto dichos acuerdos y designar a las personas e instituciones encargadas de hacerlos cumplir. Desde esta teorización podríamos definir la justicia como aquel atributo que concede a cada uno lo que le corresponde meritoriamente, sin entrar en los excesos liberales, siempre desde la igualdad, como tampoco en los de los igualitaristas. En la práctica, el escenario se vuelve más complejo. De hecho, si a cualquiera de nosotros se nos preguntara cómo debería organizarse una sociedad o un colectivo para que fuera justa, lo más seguro es que habría tantas reglas de juego como individuos encuestados. Una primera valoración de estos resultados nos lleva a reflexionar sobre la dificultad de definir la justicia para su practicidad. De hecho, varios estudiosos de la materia se limitarán a proponer las líneas básicas sobre las que debería transitar la justicia. Coincidiremos muchos, sin embargo, con Aristóteles en que hacer justicia es dar a cada uno lo que le corresponde. La cuestión es: cómo precisar lo que a cada uno le corresponde y con qué criterio. Unos centrarán el debate en términos de necesidad, esto es, conceder prioridad a aquellos con mayores necesidades. Otros defenderán la justicia en términos de mérito. Esto es, a mayor esfuerzo, mayores contraprestaciones. Es aquí donde retomamos nuestro debate colgado: desde posiciones liberales de Ralwsl o Robert Nozick, "pretender imponer determinados sacrificios a un sector de la sociedad con el único fin de mejorar el nivel de vida del resto puede atentar incluso con las libertades del sector sacrificado". Basan este argumento en la independencia y la separabilidad entre las personas. A partir de aquí, cada individuo debe ser respetado como un ser autónomo, distinto y tan digno como los demás. Desde esta fundamentación, más que pretender equiparar a las personas, la principal virtud de un sistema institucional es la de hacer justicia social, que para Robert Nozick es tanto así como establecer una sociedad de méritos. Y, en todo caso, el estado debe garantizar la *libertad negativa*; esto es, que nadie interfiera en los derechos básicos de los demás, tales como la vida o la propiedad privada.

En el otro extremo están los igualitaristas quienes sostienen que "una sociedad es justa cuando sus instituciones sociales son capaces de garantizar la igualdad de las personas en sus necesidades básicas". Para lo cual habrá que establecer mecanismos de redistribución de los frutos generados por dicha comunidad, aun a costa de destinar parte del esfuerzo de unos a favor de otros[14].

En cualquier caso, todo ejercicio de justicia debe saber diseccionar a quién le corresponde y en qué medida este o aquel derecho. La cuestión se complica cuanto más multicultural y pluralista sea la sociedad o comunidad en cuestión. Ya que a la singularidad de cada uno se suma las de los diferentes segmentos que la componen. En estos casos la justicia social impone el deber de articular unos mínimos y máximos que garanticen las ofertas de las felicidades individuales sin que por ello el ejercicio de la justicia pierda sustancia. O sea, que la tolerancia no trasgreda las

14   *Teorías de la justicia después de Rahus*, pág. 26 y siguientes.

fronteras de los demás. Este difícil equilibro nos llevará a una concepción de justicia compartida por la mayoría de la comunidad, como el escenario menos malo. Es decir, un estadio en donde cabe encontrar valores mínimos, ideales de vida común, a los que la mayoría de esa comunidad no estaría dispuestos a renunciar[15].

3.3.-Desigualdades y fallos sociales

Sin embargo, no podemos negar que esta situación deseable es precisamente la que menos abunda. Nuestro ego nos empuja a menudo a buscar posiciones de privilegio. Es el origen de la lucha de clases. La primera manifestación de las desigualdades sociales la encontramos en la estratificación misma de dicha sociedad mediante la cual la sociedad queda fragmentada en varios agregados, cada uno de los cuales posee estatus diferente. A lo largo de la historia, esta estratificación adoptaría denominaciones diferentes según regiones y modo de implementación. Así nos podríamos referir a la **estratificación feudal**, cuyo reflejo fiel es la Europa medieval en la cual el vasallaje era su signo de identidad; la **estratificación por casta**, donde las jerarquías se adquieren por herencia, a su vez ligada

---

15 Acerca de la justicia social, distinguiremos fundamentalmente entre los que defienden una corriente **liberal positiva**, para quienes el estado no está obligado a dar nada a nadie para que lleve adelante sus planes de vida, y la corriente **liberal negativa**; estos sostienen que la obligación del estado está circunscrita a salvaguardar los derechos básicos de las persona.

a la estructura ocupacional de la sociedad. En la mayoría de los casos va asociada a creencias religiosas; la **estratificación por clases**, basada en prerrogativas económicas, donde son las variables económicas (división del trabajo y el reparto de la riqueza) las que encasillarán a unos y otros en sstatus diferentes; la **estratificación despótica**, con la que la población queda dividida fundamentalmente por su implicación política. Por una parte está el estrato dominante, identificados como los hombres del sistema. Gozarán de todos los privilegios mientras les dure su matrimonio con el déspota. En la otra orilla está la inmensa mayoría de la población subyugada a los anteriores[16]. En todas estas manifestaciones, podemos encontrar otras dimensiones, la clase dominante no escatimará esfuerzo por preservar sus privilegios al tiempo que los menos favorecidos por el sistema lucharán por encaramarse a ellos, argumentarán fallos de un sistema injusto e invocarán reformas institucionales. La cuestión de la igualdad social será para ellos su meta a conseguir.

Sin embargo, a pasar de los esfuerzos institucionales por construir sociedades igualitarias, estas seguirán siendo heterogéneas: unas veces por la propia naturaleza de sus habitantes, otras por las fuerzas contrapuestas de intereses sociales y, en tercer lugar, por la presencia de fallos sociales. Estos fallos se producen, unas veces porque las leyes o normas que conforman el cuerpo de dichas instituciones están desfasadas. Generalmente las leyes van a remolque de la propia evolución social y, otras veces, porque las personas

---

16   Para mayor desarrollo de estos agregados sociales véase, Giner, Salvador: *Manual sobre la Sociología* Editorial Península, págs. 167–170.

encargadas de hacerlas cumplir no aciertan en ejecutarlas. En ocasiones, sus juicios de valor o sus conveniencias se imponen a los dictados de la verdad. En estas circunstancias es cuando podemos afirmar que los fallos sociales son diferencias sociales, la redundancia se hace necesaria, que nada tiene que ver con el modelo social, político o económico. Es así que liberales como R. Nozick dudan sobre la justicia mundial; sostiene que "si el mundo fuera absolutamente justo, el tercer principio sobre su teoría de la intitulación o de los títulos no tendría sentido[17]".

A pesar de que se pretenda relacionar las injusticas sociales con determinadas ideologías u organizaciones, incluso con el escaso avance de dicha sociedad en el desarrollo de las libertades sociales, son en realidad la subjetividad de las personas y sus conveniencias las que más determinan sus actuaciones. Las desigualdades no encontrarán el mismo tipo de repulsa o reivindicación en sociedades estructuradas de manera diferente. Tratándose de los fallos económicos y sociales, las organizaciones políticas de derechas y/o económicas de corte capitalista suelen ser las más señaladas. Naturalmente, las críticas proceden de sus contrincantes progresistas, como por ejemplo, cuando se critican las injusticias del actual sistema capitalista, tendremos que remontarnos a aquel socialismo teórico de los intelectuales

---

17   Esta teoría, sobre la que volveremos más adelante, se fundamenta sobre tres principios: 1.-*El principio de justicia en la adquisición,* respecto a la apropiación de cosas no poseídas. 2.-*El principio de justicia en la transferencia.* Analiza de qué manera una persona puede ser propietario de ciertos bienes. 3.-*El principio de rectificación de la injusticias,* Pretende establecer rectificaciones en torno a la adquisición de pertenencias por medios no sancionados por los dos principios anteriores.

de principios del siglo XIX, contrarios a la Revolución Industrial francesa; entre ellos, el aristócrata y Conde Saint-Simon, François Nöel Babeuf, Charles Fourier, el doctrinario utópico inglés Robert Owen y otros, quienes sostenían el abandono del capitalismo por razones éticas y prácticas y la creación de una sociedad sin privilegios individuales a partir de la socialización de los medios de producción y el control estatal de los sectores económicos. Posteriormente, con K. Mark y Friedrich Engels como máximos exponentes del socialismo, la lucha por la igualdad de clases y contra la miseria se convirtió en dogma de la izquierda en general. Hoy en día, al margen del puro folclore parlamentario, también esa izquierda solidaria comporta los mismos hábitos que en público censura; sus recetas económicas no guardan grandes separaciones con las medidas liberales que con frecuencia critican. Sin embargo, cuando se trata de reprobar la crisis de los valores éticos y morales, las posiciones progresistas suelen ser las más señaladas por sus constantes reivindicaciones por reformular ideales que debieran asumirse dogmáticamente. Los conservadores no escatimarán esfuerzos para recordarles que las libertades nada tienen que ver con que las conveniencias personales pueden y deben encontrar su espacio en el terreno de la moral colectiva. Ellos alegarán que solo el inmovilismo de los conservadores les permite ignorar la evolución social y de las personas hacia nuevas experiencias tan naturales como las posiciones clásicas. En cualquiera de los casos, una vez más son las conveniencias (o el acomodo) de cada uno lo que marca sus defensas.

3.4.- Sociedad de méritos o sociedad igualitaria

La cuestión de fondo sigue siendo que si el compromiso por la justica social quiere significar la igualación de la población o, por contrario, esta debe proporcionar los mecanismos suficientes para que cada uno encuentre una acomodación digna, sin trasgredir los esfuerzos de los demás. En este debate concreto nos encontramos, por una parte, con los defensores del compromiso por la igualdad, sin más; estos exponen sus argumentos a partir de la teoría de maximizar el bienestar general; descartan la idea de que haya unas preferencias que cuenten más que las de los demás. En ese sentido habría que apostar por aquellas que satisfagan a una mayoría social. Curiosamente, esta posición más próxima al marxismo se atribuye a aquellos liberales utilitaristas que, en su propósito por maximizar el bienestar social, pretenden considerar que todas las preferencias humanas son iguales. Y por otra parte, aquellos liberales, como Rawls, que aceptan la teoría de la justicia igualitaria solo a partir de lo que él llama la *"lotería natural*[18]*"*, por la que una persona nace en un ambiente más favorable que otro, más dotado de ciertas capacidades que otro, en el seno de una familia más rica que otra, que tenga un carácter tal o cual, etc., todas ellas no escogidas por él. Sin embargo no concibe esta igualdad en el supuesto de *"libre elección"*. Es decir, supuesta la posición *"ceteris paribus"*, esto es que el azar de la naturaleza sea parejo a dos personas. Sin embargo una de ellas decide el ocio frente a la elección del otro de trabajar. Los frutos de este otro no

18   *Las teorías de la justicia después de Rawls*, pág. 41.

deben sufragar las carencias del otro. A partir de este juego entre la *lotería natural* y el *ceteris paribus*, Rawls argumenta la necesidad de un Estado muy activo, capaz de contribuir en la igualación de las prioridades básicas de las personas[19]. Lo que en definitiva viene en sostener Rawls es que los azares de la naturaleza no sean los que determinen si las instituciones sociales son justas o no, sino la autonomía de cada persona. O sea, su elección. Desde este posicionamiento, otros liberales, los más conservadores, que aún cuando coinciden con Rawls en la casualidad de la naturaleza, disienten, sin embargo, con él en la idea de que sea la justicia social la que deba remediar las carencias del azar de la naturaleza. "Son hechos lamentables pero que no corresponde a las instituciones sociales la tarea de corregirlos, porque con eso se estaría invocando a un estado omnipresente e intrusivo. La solución podría ser peor que la enfermedad, aseveran". Para estos, lo único que debe asegurar el estado es la "libertad negativa" de las personas. Nozick va más allá cuando sugiere un **Estado mínimo legítimo**, que surja sin violentar los derechos de nadie, y además que reúna *cualidades morales*[20]. Para sostener tales cualidades morales de un estado Nozick, que no es contrario a un posible igualitarismo, argumenta, no obstante; que lo que debe ser reprobable moralmente a un estado es que pretenda imponer voluntades generales contra la

---

19   Los economistas gustan utilizar el término *"ceteris paribus"* cuando pretenden analizar los resultados de una decisión únicamente a partir de las variaciones que se van produciendo de una sola variable, considerando todas las demás constantes.

20   *Las teorías de la justicia después de Rawls*, pág. 53.

libertad de otros. Para Nozick en este sentido "la libertad se antepone a cualquier pauta igualitarista". De hecho, en su teoría de la intitulación (que se ha insinuado arriba), basada en las ideas de John Locke, R. Nozich, firme defensor de la economía del libre mercado, sostiene que la única transacción justa es la que se hace voluntariamente y, por lo tanto, el recaudo de impuestos sobre los ricos para apoyar programas sociales en beneficios del pobre es injusto, porque el estado adquiere el dinero por la fuerza en vez de por una transacción voluntaria.

Por su parte, Ronald Dworkin encuentra en el igualitarismo liberal de Rawls ciertos aspectos matizables tanto en su posición sobre la *"libre elección"* como en su teoría misma de la justicia social. En el primero de los casos, afirma R. Dworkin, para que esta tenga mejor solvencia deben darse dos circunstancias: a) habría que igualar primero a las personas en sus circunstancias para que, a partir de allí, se responsabilice a cada uno de los resultados de su elección; y, b) que la teoría de la elección no debe basarse en la satisfacción que cada individuo percibe por su elección, sino que se debe evaluar a partir de los recursos que cada uno posee y el modo en que los ha adquirido. De modo que para R. Dworkin la métrica a tener en cuenta es la *igualación de recursos*, "no debiendo prohibir ni recompensar ninguna actividad privada sobre la base de que alguna concepción ética resulta superior o inferior a las demás[21]".

En relación con la teoría misma de justicia social, Dworkin considera que si, como consecuencia de las desigualdades de los recursos, los que más se esfuerzan ven tras-

21   *Op. Cit.*, pág. 71.

pasados los frutos de sus sacrificios para el provecho de otros que no lo hacen tanto, entonces se podría decir que la justicia es insensible a la ambición de aquellas personas que más se esfuerzan.

Para cerrar este debate incorporamos las reflexiones de Amartya Sen. Muy preocupado por las libertades, centro neurálgico para el empoderamiento de las personas, considera que toda justicia igualitaria debe concentrar sus esfuerzos en igualar las capacidades de las personas para que, a partir de ellas, cada uno sea capaz de obtener ciertos "*desempeños*": buena salud, nivel de estudios, buena nutrición, etc.[22] De ahí que la solvencia de las instituciones sociales encargadas de velar por su cumplimiento, sostiene Amartya Sen, "se tendrá que medir también por las consecuencias o por la bondad de los estados sociales que produzcan[23]".

3.5.- El rol de los reivindicalistas y agitadores

No parece probable, por lo tanto, encontrar una sociedad normativa en la que toda su población la perciba como igualitaria o justa, aun cuando sea lo deseable para todos; siempre habrá estratos de dicha sociedad con cierta tendencia a desmarcarse de los parámetros funcionales de la misma. Unas veces porque consideran sus estructuras obsoletas y rígidas. Otras veces, porque la imposibilidad por acceder a las estructuras de poder (política, económica o

---

22   *Op. Cit.*, pág. 77.
23   *Bienestar, justicia y mercado*, pág. 17.

social) será suficiente para retar al sistema establecido. Detrás de todos ellos, casi siempre, hay unos agitadores: si en las sociedades menos avanzadas, en las que pudieran parecer justificadas sus actuaciones, -como puede ser la ola de las reivindicaciones en los países árabes-, los disturbios en las sociedades más desarrolladas, con mayores herramientas de diálogo pillan a contrapié los mecanismos sociales establecidos.

Llama la atención que cuanto más tolerante sea una sociedad -con mayores cuotas de libertad, desarrollo y oportunidades- más son los grupos que se alzan contra el sistema. Los anti-sistema reclamarán una Democracia Real, como el movimiento 15 Marzo en España, o simplemente provocarán disturbios sin reclamaciones precisas, como las producidas en Reino Unido (agosto de 2011), por citar algunos ejemplos. En algunos casos, la participación de jóvenes y menores de edad en estas concentraciones abre un nuevo debate: ¿se trata de reivindicaciones contra una sociedad que va a remolque de los nuevos retos sociales o simplemente son grupos que han perdido la moral, los incívicos o agitadores de masas que, por sentirse desahuciados del sistema, solo pretenden desestabilizar el orden? El en primer caso pudiera ser que sí; la presencia de intelectuales, profesionales, universitarios etc., así como la manera de expresar sus reclamaciones, invita a esa reflexión. En el segundo caso, sin embargo, la virulencia en sus manifestaciones y sus consecuencias hacen pensar que se trata de delincuentes que han perdido referentes morales.

De todos modos, cuando las reivindicaciones se hacen con sustancia contribuyen a reordenar el juego social en tanto que que posibilitan la readaptación de las instituciones a las nuevas tendencias sociales. De hecho, buena parte de dichos cambios no habría sido posible si no fuera por estas reclamaciones que, en varios países, han supuesto incluso cambios de modelos de organización social.

3.6.- Estatus y Rol social: la imposibilidad de una justicia social

Desde la teoría de la *lotería natural* de Rawls, las clases sociales son la consecuencia misma de las desigualdades innatas en los seres humanos. Unas son de índole natural o genético: allí tenemos a aquellos que son más pigmentados que otros, unos más altos y otros bajos, unos con más imaginación que otros, etc. Otras son fruto del enclave geopolítico o social en el que hayan nacido. Estas son las que generalmente acaban configurando ciertos estratos sociales. No cabe duda que aquellos que nacen y crecen en los ambientes urbanos tienen más posibilidades de formación, sanidad, empleo, etc. que los que viven en zonas rurales y que las familias acomodadas gozan de mejores privilegios que las otras, de manera que, aun cuando esté en todos el ánimo de igualarlos, la estratificación social es un hecho en todas las sociedades y momentos históricos. Si analizamos cualquiera de los sub-estadios de la vida misma, como el poder, el modo de producción, el racismo, etc., fácilmente concluiremos en que la posición que ocupa cada uno de nosotros en cualquiera de ellos nos concede más o menos prorrogativas. De hecho, cuando admitimos las diferencias entre colectividades -en sus acciones sociales- lo que estamos confirmando es que no todas las personas ni colectivos ocupan la misma posición social: el estatus así definido entraña una serie de privilegios (derechos y honores) que posee una persona en el marco de una sociedad, mientras que el rol es la otra cara (la dinámica) de ese mismo individuo, y se manifiesta a través de las diferentes actividades que realiza dicha persona. Estas dos singularidades son las que, a su vez, hacen que la posición social de cada individuo sea compleja de describir. Por ejemplo, el estatus social de un conde puede ser compatible con una serie de roles: economista, militante de un partido político, padre, etc.

Damos pues por sentado que las desigualdades sociales se dan en todas las sociedades y son imposibles de combatir en toda su extensión, aunque solo sea porque la sentencia de la *lotería natural* nos acompaña desde que nacemos. De ahí que los que creen radicalmente en la predestinación afirmen que nacemos incrustados en un carril determinado, de ninguna de las maneras podremos salirnos de él hasta el final. Los moderados, por el contrario, hablarán de una autopista de carriles orientados hacia un sentido concreto con lo que de las actuaciones de cada uno dependerá que lleguemos o no más o menos antes; nuestras actuaciones nos llevarán en uno u otro de los diversos carriles, pero sin salirse del sentido de la autopista. De esta manera, por lo tanto, desde la sentencia de la *lotería natural* la justicia social podrá amainar algunos de sus efectos, pero no los podrá eliminar en su totalidad.

Parece pues evidente aceptar la existencia de capas privilegiadas (sin avasallar) a cambio de que la mayoría pueda vivir en condiciones consideradas como aceptables por lo que, a pesar de todo, siempre habrá, en cualquier sociedad, grupos que se sienten acomodados y otros en constante reivindicación. Lo que diferencia unas sociedades de las otras es la manera en la que se ejerce el poder, por una parte, y las reivindicaciones del resto, por la otra. Así, en las sociedades en dictadura hay colectivos que se sienten a gusto, porque se benefician de ella; es el colectivo de los elegidos los que, de manera alguna, levantarán voces en contra del sistema, porque ellos son el sistema mismo. Son los que lo alimentan y se alimentan de él y utilizarán cualquier herramienta a su alcance para silenciar al resto. Los otros, los que pretenden que el sistema reconozca sus singularidades, o los que también quieren formar parte del mismo -y no les está permitido-clamarán por las injusticias del poder.

En las llamadas sociedades democratizadas, las luchas son más dialécticas en busca del poder político. Mención aparte es el caso de las sociedades con reivindicaciones soberanistas; en ellas, determinados colectivos -al no encontrar acomodo de sus particularidades lingüísticas, culturales o en el reparto equitativo de los recursos- se sentirán desplazados del gran árbol (Estado común) que les cobija, mientras que el resto de la comunidad estatal censurará, en ocasiones con dureza, las reivindicaciones de este colectivo marginal, alegarán que el sistema ofrece acomodo para todas las tendencias menos intransigentes, desde la democracia. En todos estos casos, una vez más, las aspiraciones

-las conveniencias- personales o del grupo se imponen a las exigencias morales. Desde estas conveniencias, los que poseen el control reclamarán tolerancia de los demás desde su intolerancia. Este caso, aunque no abundante, se observa en los países del tercer mundo, cuando se muestran implacables contra las manifestaciones democráticas de las minorías. También pasa lo mismo en occidentales, cuando determinadas reivindicaciones (en ocasiones autorizadas) acaban siendo disueltas por la gran fuerza. Capítulo aparte es cuando un determinado colectivo (llámese separatista, llámese independentista), utilizando las mismas herramientas o instituciones, pretende defender o reclamar un estatus que cree le identifica; entonces saltan todas las alarmas. Unos censurarán la ineficacia de las instituciones, porque miran para otro lado o porque están siendo manipuladas, mientras que los otros se ampararán en la variedad de interpretaciones del cuerpo legal vigente.

3.7.- Sistema y Estructura Social

Admitido por lo tanto el hecho cierto de que resulta inevitable hablar de estructuras y clases sociales -cualquiera que sea la sociedad y del momento histórico-, cabe diferenciar lo que es un *Sistema Social* de una *Estructura Social*. Así, por un Sistema Social entendemos la manera en la que se establecen los lazos específicos entre los diferentes actores de una determinada estructura social. Por ejemplo, un modelo político democrático no tiene por qué obedecer a la misma implementación entre países. De hecho, nos podemos encontrar con que en unos estados se hablará de democracia parlamentaria mientras que en los otros se preferirá la configuración de la democracia representativa. Incluso dentro de las democracias parlamentarias, algunos optarán por las de la mayoría mientras que otros preferirán las de consenso. Por su parte, en las democracias representativas también caben variantes en las que algunos países preferirán una representación proporcional por listas, otros por voto único transferible y otros podrían preferir un sistema mixto[24].

La Estructura Social, sin embargo, manifiesta la manera en la que están interrelacionadas las personas o colectivos de dicha sociedad en la que tiene que ver una ubicación física y su población: la territorialidad es un elemento básico para entender una estructura social. No es posible, por lo tanto, referirnos a una estructura social si no se puede asociar a un marco territorial, como tampoco lo sería si, en este análisis, obviásemos la población asentada en dicho espacio geográfico.

3.8.- Conflicto Social

Todo ello nos permite observar que las contradicciones humanas y las desavenencias entre personas son intrínsecas a nuestra propia naturaleza; son el fruto de las incompati-

---

24   Para una visión amplia de la articulación de estos sistemas, véase *Conflictos étnicos y gobernabilidad*, Ediciones Carena, págs. 162-163.

bilidades entre las personas debidas, a su vez, a la agresividad y la ambición innata e ilimitada que posee el hombre. Abarcan un amplio espectro de luchas: por los valores, por los recursos, por el poder o estatus, por las injusticias, etc., donde cada individuo o grupos más o menos organizados buscan maximizar sus objetivos. Según Stephen Robbins, el proceso se inicia cuando una parte percibe que otra la ha afectado de manera negativa o que está a punto de afectar de manera negativa alguno de sus intereses. La actitud de rechazo frente a lo que la otra parte puede considerar como injusta desembocará en, al menos, un intento por defender sus posiciones. Este afán por la supervivencia, en ocasiones, suele ser un elemento de cohesión social para aquellos grupos amenazados.

En un eslabón superior se encuentran las posiciones rebeldes; en estos casos, de alguna manera, el conflicto social puede ser concebido como necesario, algunos lo consideran incluso como un factor principal de los cambios sociales. De hecho, no se pueden entender los cambios o avances en los derechos y libertades sin conflictos sociales. En este sentido, estaremos ante un instrumento de renovación e innovación de las estructuras e instituciones sociales siempre que propicie un cambio social contra determinadas injusticias. Unas veces son cambios impulsados desde arriba por intelectuales o revolucionarios, otras veces desde las bases de los pueblos.

Rebelarse contra las injusticias es un derecho tan antiguo que se puede encontrar en los manuscritos de la antigua Grecia clásica o la misma Roma Republicana, donde llegaron a justiciarla hasta la muerte del tirano, si eso fuera necesario. La misma carta Fundacional de las Naciones Unidas, implícitamente, reconoce este derecho de los pueblos frente a gobernantes ilegítimos o aquellos que, ostentando tal legitimad, se apartan del mandato recibido de pueblo. En estos casos incluso se reconoce el uso de la fuerza para expulsarlos del poder.

En el nivel más alto de esta resistencia o derecho está la guerra, como manifestación de la incapacidad humana. Tiene que ver con el fracaso de las personas de llegar a puntos de encuentro ante cuestiones que les son comunes. Sin embargo, esta manera violenta de dirimir diferencias a veces es considerada moralmente como positiva, por ejemplo, cuando con ella se evitan destrucciones y desgracias. Cuando los tiranos juzgan a su población indefensa e incapaz de rebelarse, la comunidad internacional tiene la legitimidad de someterle incluso a través de una solución armada. Pasó con el canciller alemán Adolf Hitler (y recientemente con Muammer Gadafi); la guerra fue muy horrible pero con ella se evitaron mayores sufrimientos a la población. En estas circunstancias se habla de una *guerra justa*. Este ejemplo contrasta con otros tantos que el imperialismo emprende con el deseo de imponer su autoridad para sus intereses estratégicos; oxigenar su armamento al tiempo que se revitaliza la industria armamentística suele ser básico. Estos últimos casos son los más frecuentes, entre otras razones, porque los países desarrollados necesitan de este subsector por su alta contribución en sus economías.

Sea cual sea la dimensión del conflicto y las consecuencias que lo originan, lo verdaderamente cierto es que el ser humano posee cierta dosis de agresividad y afán destructivo que, a diferencia de los demás seres vivos-movientes, solo puede ser minimizado o anulado a través de un proceso de socialización educativo. Incluso así, casi siempre habrá espacio para justificar una revolución social. Es entonces cuando la racionalidad o la irracionalidad de las personas entra en juego.

3.9.- El bien y el mal

"En el deber reside la virtud de toda acción", Immanuel Kant

Pero si nos preguntáramos en realidad cuál es el límite que separa esta racionalidad de la irracionalidad, concluiríamos, como Sigmund Freud, que la racionalidad es una manera de justificar un determinado comportamiento ya que todos y cada uno de nosotros tenemos nuestra propia percepción de la racionalidad o irracionalidad. Esto es así porque cada persona es capaz de juzgar la deseabilidad o no de una acción o situación en función de sus preferencias, intereses, creencias o emociones. De esta manera, desde el campo de la ética, los positivistas y empiristas sostienen que lo bueno y lo malo son puras decisiones irracionales desde el campo emocional, o lo que es lo mismo, se trata de un objeto de impresiones o reacciones. Esto es lo que propicia que algunos como Wilfredo Pareto sostengan que, en principio, las acciones humanas no son racionales, más bien, gran parte de ellas son irracionales. Ahora bien, habrá que estar atento a su resultado final, o sea, que será su fin el que acabe por catalogar una acción como racional o irracional, y no la acción en sí misma.

En la misma línea que Freud, encontramos el posicionamiento ético de Emmanuel Kant, para quien la bondad no queda determinada por la acción, sino por la intención (motivo o razones) con la que se pretende ejecutar dicha acción. Para Kant, "lo único que puede considerarse bueno sin calificativos es la buena intención (...) esta debe llevarse a cabo no porque el sujeto pueda obtener un determinado fin sino por puro deber[25]". De hecho, nuestras intenciones pueden ser buenas pero el resultado de dicha acción puede acabar siendo malo. Veamos por ejemplo, en un partido de fútbol ambos equipos saltan al terreno de juego con la intención de ganar en encuentro y, de paso, agradar a sus respectivos seguidores, sin embargo, uno de los dos puede acabar perdiendo y decepcionando a su hinchada. Los más comprensivos aplaudirán igualmente la intención, otros podrán censurar con más o menos fervor la poca entrega de los jugadores, y ellos se defenderán diciendo que ningún jugador va al campo con la intención de perder. Otro caso radicalmente opuesto puede ser el de aquella persona o colectivo que desea ejecutar una acción con la intención de causar daños y sorpresivamente el resultado de dicho acto puede acabar beneficiando al posible perjudicado. En este caso podríamos decir, tirando del refranero español, que: "no hay mal que por bien no venga".

En ambos casos, lo que cabría premiar o castigar es la propia intención y no el resultado en sí mismo.

25   *Ética en las ciencias sociales*, pág. 42 y siguientes.

Aceptando el posicionamiento de Kant, mi reflexión, no filosófica ni psicológica sino de cualquier persona ingenua, se centra en las siguientes cuestiones: ¿cuál es la motivación principal que dirige a una persona a la hora de tomar la decisión de ejecutar un acto que pretende que sea bueno o malo? Tratándose de un acto bueno, podríamos enumerar tres posibles respuestas no exclusivas ni excluyentes:

a) *El deber*, según Kant. Cuando asumimos una responsabilidad, nuestro compromiso nos requiere cumplir con ella. Aquí, habría que asociar este deber con la "razón", si dicho deber va direccionado hacia la moral. Kant sostiene esta fundamentación a partir de lo que él mismo definió como *"imperio categórico"*. "Quien actúa a partir del imperio categórico lo hace de acuerdo con la razón, que no es lo mismo que actuar por una razón como pudiera ser el caso de un egoísta[26]".

b) *La utilidad social.* Nuestra pertenencia a una comunidad nos demanda colaborar por el bien de ella o, lo que es lo mismo, debemos sentirnos útiles, contribuyendo altruistamente si fuera necesario. Muchas ONGs actúan con estas premisas. Incluso a nivel individual, frecuentemente no resulta difícil encontrarnos con estas contribuciones generosas.

c) *Por conveniencia social.* En ocasiones, nuestras acciones suelen estar sujetas al qué dirán de mí. Digamos que en

26   El imperio categórico de Kant sugiere el deber de actuar sobre la base de lo que sucedería si todos escogiéramos una opción X y no Z. Véase Jon Elster, págs. 238-251.

estos casos actuamos condicionados por la carga social. No queremos incomodar por no desentonar con la métrica general.

El panorama cambia si la pregunta es: ¿cuál puede ser el móvil que puede inducir a una persona a tener la intención de hacer el mal? Aquí nos encontraremos con un repertorio de respuestas: estado de enajenación mental, venganza, violencia, etc. Para abordar este interrogante previamente deberíamos preguntarnos por el qué entendemos por un acto malo. Posiblemente cada uno de nosotros tendría su propia percepción, sin embargo prefiero quedarme con la que pudiera definir el mal como toda acción sujeta a una valoración *subjetiva* y *negativa*. Siendo así, la otra cuestión sería: por qué una persona sensata podría estar predispuesta a ejecutarla, ¿será, acaso, que en el preciso instante (de decidir ejecutar un acto malo) las órdenes recibidas del subconsciente de dicha persona lo estén catalogando como bueno? Una respuesta afirmativa a esta cuestión nos llevaría, a su vez, a afirmar que lo que separa la intención de hacer el bien o el mal es, en primer lugar, la disposición mental de cada persona o, si se prefiere, su estado emocional. Habrá gente más predispuesta a intenciones que conducen a la bondad y otros de tendencia contraria. En segundo plano estarán las conveniencias, el momento y, en todo caso, la circunscripción social en la que vive. Por conveniencia y/o en determinado momento de su vida, como se ha descrito más arriba, una persona puede haber cometido actos reprobables, incluso por ella misma, se llevará a cuestas esa carga de conciencia durante algún tiempo o, tal vez, toda su vida. Es el caso de algunas mujeres abortivas. Diversos estudios revelan un porcentaje considerable de mujeres que no acaban superándolo, creándoles trastornos emocionales continuos como estrés o intransigencias.

Igualmente, el entorno social puede hacer más violenta a una persona y, por lo tanto, estar más predispuesto a cometer actos malos. No cabe duda que los que viven en condiciones o zonas marginales y de alerta permanente, como es el caso de zonas en conflictos bélicos latentes, tendrán mayor predisposición hacia este tipo de actos ya que viven en estado de permanente vigilia y de agresividad por lo que, para ellos, emparentar este *modus vivendi* con la normalidad es lo más ordinario.

De manera que una misma realidad puede ser considerada mala, buena o necesaria dependiendo de quién sea su actor perceptor, la causa y el entorno geográfico en el que se ha desarrollado. Tal es el caso, por ejemplo, de una acción terrorista que pueda ser valorada o justificada por unos cuantos frente al espasmo y repulsa de la mayoría. En este sentido, desde el utilitarismo de Rawls, determinados comportamientos deben ser rechazados cuando no consigan acaparar mayor respaldo social, aun cuando pudieran ser aceptables para algún individuo o colectivo minoritario.

En cualquiera de los casos podríamos aseverar que un acto malo, por su carga de negatividad, no aporta ninguna satisfacción general, excepto, posiblemente, para el agente que lo ejecuta y su colectivo protector. Entonces, ¿por qué lo hacemos? Caben varias posibles respuestas, por ejemplo: A) Que en el instante de ser ejecutado, la subjetividad acabe valorando el acto positivamente, es decir, que nos reporte alguna satisfacción. B) Por conveniencia; a sabiendas de su carga negativa, las circunstancias personales o familiares empujan al agente a ejecutarlo. En este caso le queda cargar con el peso de su conciencia, posiblemente para siempre. C) La sociología puede explicarlo desde la fuerza que ejercen las emociones en un agente. Esto se produciría en los caso de una *debilidad de la voluntad* de la persona, es decir, cuando el sujeto decide actuar a sabiendas de que va a cometer un error.

Supongamos los siguientes ejemplos:

a) Una persona que pretende vengarse, por ejemplo, de algún ser querido que es consciente del mal que está a punto de hacer, pero la furia que le invade supera cualquier juicio racional. Una persona racional, por ejemplo, a pesar del dolor, preferirá que sea la justicia la que dicte sentencia.

b) Cuando uno de los cónyuges es infiel como venganza a una infidelidad anterior, lo hace con toda la carga del conocimiento del daño al que está a punto de someter a su esposo o esposa, incluso poniendo en peligro la misma convivencia. Sin embargo, la rabia por el dolor o la humillación recibida no le permitirá entrar en el campo de la racionalidad. En ambos casos el agente escoge la opción B a sabiendas de que la razón debe llevarle a escoger la alternativa A.

c) Para abundar aún más en la *debilidad de la voluntad*, supongamos un joven abstemio próximo a casarse y que en el transcurso de su noviazgo ha prometido fidelidad eterna una y mil veces a su comprometida pero, cuando asiste a la típica despedida de soltero organizada por sus amigos, la emoción y el desenfreno se apoderan de él llevándole hasta los brazos de alguna de las jóvenes de la fiesta, incumpliendo la promesa profesada a su futura esposa. En este caso, la pasión que ha podido con la racionalidad de sus juicios puede acabar también por comprometer su futura relación. En todos estos casos, como sostiene Jon Elster, "las emociones tienen la capacidad de inducir una acción contra la opinión misma de la gente[27]". A tal efecto, asegura J. Elster, las emociones intervienen en la vida humana de tres maneras: a) con la máxima intensidad. En este caso son la fuente más importante de felicidad y desdicha, incluso por encima de los placeres hedonistas y el dolor físico. b) influyendo sobre el comportamiento de la persona, modificando sus pautas; y c) sobre los estados mentales, sobre todo en la formulación de las creencias[28].

El bien también es una valoración subjetiva pero, al contrario del mal, es positiva y debe generar placer o, al menos, aliviar dolor. Según el utilitarismo hedonista de Jeremy Bentham, "es bueno lo que genera la máxima suma de placer y la mínima de dolor". En sintonía con Bentham, John Rawls considera que "todo acto correcto es aquel que maximiza la felicidad general[29]". De este modo, si dicha

27   *La explicación del comportamiento social,* Ed. Gedisa, pág. 139.
28   Para mayor desarrollo de estas tres categorías, véase *Op. Cit.,* pág. 164.
29   El utilitarismo es una corriente doctrinal mediante la cual las diferentes alternativas sociales deben ser ordenadas, y seleccionar aquella que contribuya mejor al bienestar social. En este sentido, el utilitarismo, con el afán de maximizar el bienestar general, deja claro su preferencia

acción se ejecuta sin coacción, crea además satisfacción sin cargo de conciencia posterior porque se ha contribuido a la alegría del prójimo o a mejorar, por momento, su estado anímico. En ocasiones, la satisfacción material del actor es secundaria o inexistente; pasa, por ejemplo, con determinados deportistas de élite: saltan al espacio de competición conscientes de que de su actuación dependerá la alegría o no de sus seguidores. Si el resultado es bueno, sienten la satisfacción del deber cumplido. La compensación material queda en un segundo plano. Ocurre lo mismo con el médico, después de una complicada y exitosa operación; con el abogado tras una satisfactoria sentencia de un juicio complejo; con el bombero o socorrista que acaba de salvar vidas de un desastre; etc. En todos estos casos, la satisfacción por haber hecho el bien supera la compensación material que pudiera recibir. No podemos, en estos casos, decir que están cumpliendo con su obligación profesional.

El bien sin esperar nada a cambio es, por lo tanto, un estadio superior al que toda persona debe aspirar "actuando correctamente, de acuerdo a la moral e independientemente de las circunstancias, los sentimientos o las inclinaciones[30]", según I. Kant, quien sostiene además que ello pasa por "Obrar de tal modo que trates a la humanidad, tanto en tu persona como en la de cualquier otra, siempre como un fin y nunca solamente como un medio. Pues los seres racionales están todos bajo la ley de que cada uno debe tratarse a sí mismo y debe tratar a todos los demás nunca meramente como medio, sino siempre a la vez como fin

por el igualitarismo social.
30   *Ética en las ciencias sociales*, Ed. Delta, págs. 43-44.

en sí mismo[31]". De este modo, surge un enlace sistemático de seres racionales por leyes objetivas comunes, esto es, un reino el cual, dado que estas leyes tienen por propósito precisamente la referencia de estos seres unos a otros como fines y medios, puede llamarse 'reino de los fines'.

3.10.- La racionalidad de una acción y la influencia de elementos previos

Para emprezar convendría preguntarnos qué entendemos por una acción. A esta cuestión, J.Elster no duda en reconocer que "una acción es todo comportamiento intencional (racional o irracional) provocado por unos deseos, unas creencias[32]". Y, en ocasiones, por unas emociones pero, si nos preguntáramos cuándo una acción puede ser tildada de racional, posiblemente la respuesta mayoritaria se asociaría con la moral, entendida como aquel estadio en que una persona se predispone altruistamente por el bien de los demás, en un ejercicio por maximizar la mayoría de las razones. Desde la sociología, la racionalidad se asociaría con la ausencia de perturbaciones viscerales. Un sujeto racional será aquel que tantea primero todas las posibilidades para después escoger la opción más objetiva. Durante ese ejercicio tendrá que producirse previamente:

---

31   Véase la segunda y tercera formulación del Imperativo Categórico de Kant, en la *Fundamentación de la metafísica de las costumbres.*
32   *Explicación del comportamiento social,* Ed. Gedisa, pág. 185.

a) Un deseo. Según afirma J. Elster "los deseos definen lo que el agente considera lo posible[33]". Cuando se activan, se desencadena un estado que predispone a la persona a creer posible lo que desea sin entrar en consideraciones de las consecuencias a partir de varias opciones o medios. Supongamos una persona que desea someterse a un tratamiento estético, para "gustarse" a sí misma o agradar al entorno. Este deseo contribuirá fundamentalmente a la hora de creer en el tratamiento que se le ofrece. En muchos casos no se consiguen los resultados propuestos, mientras que arrastrar un verdadero coste económico. Pasa lo mismo con aquella persona a la que se le empiezan a manifestar síntomas importantes de alopecia. Su deseo por recuperar su vigoroso pelo de antaño puede acabar cegándole ante la inoperancia del tratamiento capilar; solo después de largo periodo de infructuosos esfuerzos acaba desistiendo, mientras tanto, su deseo por recuperar la fisionomía anterior le mantendrá presa de la creencia en la pericia del dermatólogo de turno. Supongamos un tercer caso en el que un joven desea entablar relaciones con una joven, o viceversa. El deseo por abrazar a la otra persona será tan fuerte que lo único que ve en la muchacha, o en el chico, será la persona pretendiente. Si alcanza su pretensión, sentirá felicidad por ello, en caso contrario habrá cargado con una buena dosis de esfuerzo mental.

b) Las creencias. Las creencias, según Salvador Giner, "son convicciones sobre la naturaleza de la realidad[34]".

---

33   *Op. Cit.*, pág. 187.
34   *La Sociología*, pág. 214.

Creer en alguien o en algo genera un estado anímico incondicional sobre lo que se cree. Una adhesión casi inquebrantable respecto de lo que desea. Ciertamente, no debe entenderse aquí la creencia solo en sentido bíblico, que también lo es, porque si fuera así, los ateos, por ejemplo, estarían excluidos de este análisis. Aquí me refiero al convencimiento de que nuestro deseo, en caso de ejecutarse, será a partir de variables racionales. Esta es la postura sobre la que se sustenta la filosofía cuando asocia el conocimiento a la creencia verdadera. Así, la creencia se sostiene sobre un estímulo o resultado positivo posterior, frente a una que otra posición de resultados nefastos. Por ejemplo, para los creyentes su *Fe* se sostiene en el convencimiento de la inmortalidad del espíritu, cuya vida placentera en el cielo, exenta de sufrimiento, les empuja a obrar según los dogmas de dicha *Fe*. Un economista liberal creerá en la libertad de mercado para maximizar sus objetivos capitalistas aunque previamente habrá tenido que acumular conocimientos que le permitan establecer comparativos con un sistema de economía intervenida, para concluir en la ineficacia de esta última. En cualquiera de estos ejemplos, el agente estará convencido de que su decisión sobre lo que cree es un acto plenamente racional. Dejo, una vez más, el debate de la racionalidad en el campo subjetivo de cada uno puesto que no son todas las creencias las que desembocan en acciones que podríamos catalogar como racionales.

En cualquier caso, podemos afirmar que las creencias pueden ser positivas o negativas: una creencia positiva sobre una acción podría provocar gratitud, admiración o agrado, mientras que una creencia negativa bien podría desembocar en envidia, ira, venganza, etc.

A todo esto, no debemos ignorar el papel que juegan las emociones a la hora de conformar ciertas creencias. Si bien, como afirma J. Elster, "que no hay una definición convenida de lo que debe entenderse por emoción, por lo que habría que limitarnos a enumerar una larga lista de caracteres comunes[35]", lo cierto es que el ritmo por el que se producen dichas emociones condicionará la recogida y la calidad de la información que se produce con anterioridad a la formación de una creencia, cuyos efectos pueden ser directos dando lugar a creencias sesgadas o indirectas, generando así creencias de baja intensidad.

Volviendo al caso del (o de la) cónyuge infiel por venganza, la debilidad de la voluntad podría estar causada por una excesiva información recibida (tal vez exagerada) de agentes externos interesados en hacer daño. A partir de allí, el impacto emocional se encargará de formular una creencia negativa contra su cónyuge. Todo ello se produce en el marco de un mal ejercicio de la libertad y responsabilidad de la persona.

---

35   *Explicación del comportamiento social*, Ed. Gedisa, págs 165 y siguientes.

IV.- LIBERTAD E INDEPENDENCIA

4.1.- Libertad y dignidad humana

Esto nos lleva a preguntarnos de nuevo qué es la libertar humana, y si existe verdaderamente tal libertad, en qué consiste. Para empezar, recurrimos a su significado y nos encontramos con que el término proviene del latín: *libertas*, o sea, la capacidad que tiene una persona de actuar según su propia decisión, tener la capacidad de elegir o hacer lo que le plazca, pensando en su satisfacción o en su conveniencia. Una primera reflexión sobre su etimología nos podría inducir a pensar, como Arthur Schopenhauer, que tal libertad es fiel reflejo de lo que la persona es o quiere ser. Es así que Schopenhauer sostiene que "dado que todo ser humano solo es la manifestación de su voluntad, no puede haber nada más erróneo que, partiendo de la reflexión, pretenda ser alguien diferente del que se es, porque esto significa una contradicción directa de la voluntad consigo misma". Por supuesto que Schopenhauer vincula la libertad de la persona con su voluntad; es así que "el hombre (o mujer) hace siempre lo que quiere, y sin embargo, lo hace necesariamente". Para Schopenhauer, por lo tanto, "lo más importante es el ser de la persona, que es donde reside la libertad[36]". De manera que para Schopenhauer cuando nos referimos a la persona como un ser libre, generalmente lo hacemos basándonos en su capacidad de autodeterminación, es decir, que sus actos se realizan desde una elección

---

36   *Sobre la Libertad de la Voluntad*, Alianza Ed., pág.19.

de las necesidades. Siendo así, debemos plantearnos otra cuestión: ¿cómo y desde cuándo se adquiere esta capacidad? Sobre esta cuestión volveremos enseguida.

Para filósofos existencialistas, el ser humano nace absolutamente libre y por su existencia permanece como tal. La teología, por su parte, la considera como un tesoro divino por lo que la libertad humana se adquiere desde la concepción. Según estas dos líneas de pensamiento, la libertad humana es intrínseca a su existencia. Sin embargo, estas afirmaciones contrastan con la observación científica o quizás de la mayoría de las personas. Esta cuestión se abordará más adelante.

En cualquier caso, y retomando la cuestión de la capacidad de gobernar sus acciones, para que la persona pueda desarrollar plenamente esta capacidad debe disponer de medios adecuados. Es aquí donde nos encontramos con una estrecha relación entre la disponibilidad material y la libertad humana: sin medios adecuados para desplegar nuestra libertad -en los términos anteriormente expuestos- no poseemos libertad absoluta. De hecho, aquellos que viven en condiciones de cierta marginalidad, de hambrunas, a los que en definitiva se les han despojado de todos sus derechos básicos, se les asocia con una vida indigna; su dignidad ha sido ultrajada porque se les ha privado su libertad. En estas condiciones, sostiene Locke, quien no observa la Ley natural vive bajo otras reglas diferentes a las de la razón[37]. Lógicamente, hay que entender la dignidad

---

37   Por las reglas de la razón, Locke argumenta que son las que enseñan a la humanidad que todos los hombres somos iguales e independientes, y por ello nadie puede legítimamente dañar a otra en su vida,

como un valor fundamentalmente básico e incondicional de cualquier persona mediante el cual cualquier ser humano puede ejercer su libertad desde la racionalidad.

Por su origen del latín *dignĭtas* es la cualidad por la cual una persona es digna de tener algo que le pertenece por mérito, valga la redundancia, y que tiene la particularidad de reclamar un respeto incondicional de los demás. El respeto es un principio derivativo de la dignidad: "tratar siempre a cada uno -a ti mismo y a los demás- con el respeto que les corresponde por su dignidad y valor como persona". Por supuesto que cuando hablamos de dignidad no debemos limitarnos en considerarla solo como una cualidad que reclama respeto sino que, además, debe comportar para la persona en cuestión unas condiciones básicas de vida: educación, sanidad, vivienda, etc., sin las cuales a la persona en cuestión se le asociará con la indignidad. Con estas observaciones podemos anticipar dos consideraciones: que la libertad humana queda asociada a su capacidad de elección y que, a pesar de ello, nuestras acciones están condicionadas por ciertos determinismos. En este sentido podemos afirmar que la libertad tiene su precio, es decir que su conquista conlleva un alto coste. Este aspecto lo analizaremos más adelante.

Para empezar, si fuéramos absolutamente libres perderíamos la misma esencia de la sociabilidad. Posiblemente, el más fuerte jugaría a ser el amo de la jungla. Otra limitación es la que nos imponen los satisfactores. A menudo nos encontramos con que nuestros deseos se ven frenados por las dificultades impuestas por los medios. Tal vez sea

salud, libertad o posesiones.

por ello por lo que no es extraño que nos movamos como verdaderos inversores que renuncian a ciertas satisfacciones presentes y seguras frente a la incertidumbre de una satisfacción mayor futura. De modo que, en consecuencia, no es posible hablar de una absoluta libertad, más bien estamos ante una libertad condicionada y de recorrido limitado, cuya frontera queda delimitada por la libertad (también limitada) del próximo. Igualmente, esa misma sociabilidad que nos catapulta hacia la libertad es la misma que reduce nuestro margen de decisión o libertad. Estamos condicionados por formalismos sociales, que en cierto modo moldean nuestra personalidad. De hecho, nuestra manera de actuar será cambiante en base al entorno en que estemos, la sociedad donde vivamos o las circunstancias. Somos unos verdaderos camaleones; mientras dure nuestra travesía, cuando el guión lo exija (como dijo en su día aquel gran político catalán) nos posicionaremos de una u otra manera. En cierto modo, esta capacidad o facilidad de disfrazarnos también nos crea sensación de culpabilidad frente algunas acciones u omisiones, también de indefensión frente a lo que podríamos considerar como agresión externa contra nuestra voluntad.

Pero, por su parte y porque la libertad está asociada a unas necesidades y satisfactores disponibles, la libertad no puede ser plena ya que acabamos siendo un producto en el amplio mercado social, expuestos a un precio diferente del de los productos comercializables, como ya analizamos más arriba; somos un producto del mercado, de su tecnología, del gran poder de la comunicación global.

4.3.- Libertad y Derechos Civiles

Poniendo en la balanza las ventajas e inconvenientes del costo de esa libertad, por muy restringida que sea, no cabe duda del triunfo de las ventajas sobre las desventajas. Se produce esta circunstancia cuando las consideraciones de libertad de una persona o un determinado colectivo chocan contra una institución o poder establecido -legítima o ilegítimamente- que no acaba de responder a sus objetivos. Precisamente por ello, las naciones tienen el deber de amparar o proteger por ley una serie de privilegios de sus ciudadanos contra posibles quebrantos de su libertad, incluso contra las infracciones injustificadas de los propios gobiernos y demás organizaciones. En una escala de preferencias establecida por Robert Nozich en su teoría de los *"entitlements"*, los derechos individuales gozan de prioridad absoluta por pura cuestión de justicia[38]. En una escala inmediatamente posterior están el derecho a la integridad física y la seguridad, la protección contra la discriminación (de raza, origen nacional, sexo...), el derecho a la libertad intelectual, de opinión, de circulación, de participar en la vida civil, etc. En conjunto, son aquellos derechos que le otorgan al individuo la condición de ciudadanía, como se verá más adelante como también se analizará en el rol de las libertades sobre las realizaciones individuales y colectivas. Antes avancemos sobre la conceptualización de los derechos civiles. En ese recorrido nos topamos con las dos

---

38   La teoría de la intitulación o de los títulos (*Entitlements*) pretende destacar la libertad personal y los típicos derechos de propiedad para usar, intercambiar o donar lo que a cada uno le pertenece.

aclaraciones juristas: a) Derechos Civiles como compendio de normas que regulan las relaciones entre personas y por lo tanto estamos dentro del ámbito del Derecho Privado; b) Derechos Civiles como conjunto de normas que deben ser aplicables a todas las personas que se hallen en la misma situación jurídico-social. En este caso nos referimos al Derecho Civil como Derecho General.

La esencia de estas dos aclaraciones nos permite afirmar que la razón de ser de estos derechos radica en su neutralidad: igualdad para todos.

Salvando aspectos puramente técnicos y semánticos, estamos ante un término difícilmente asimilable por todos. La cuestión de fondo es que cuando, en una determinada sociedad, algún colectivo considera violentada una parte sustancial de sus derechos civiles (su dignidad, desigualdad frente a los demás...) entonces podemos decir que estamos ante una sociedad carente de justicia social. Por el contrario, estaremos más próximos a aceptar que toda sociedad que avanza hacia la justicia social será aquella que posibilite a cada persona, asociación o comunidad, medios necesarios para que se desarrolle plenamente, según sus posibilidades, sin menoscabar su dignidad. En la búsqueda de esa sociedad justa, una vez delimitada la organización social a la que debe ser aplicada la justicia social, será necesario determinar cuáles son los objetivos que se pretenden conseguir y con qué medios se debe contar para ello. Es decir, aquellas condiciones necesarias para una correcta convivencia que permitan su desarrollo en igualdad de oportunidades. Este ejercicio nos traslada al campo de las ideologías. Aunque los objetivos puedan ser más o menos los mismos; el modo de conseguirlos, las condiciones de trabajo y las relaciones entre los componentes de dicha sociedad, así como las combinaciones de los factores productivos (aquello que los economistas llaman técnica) pueden variar sustancialmente.

4.4.- La libertad y los derechos individuales

Como se ha comentado en el debate entre las conveniencias y la moral, se ha sostenido que las primeras se imponen a la moral cuando se produce un espacio propicio de libertades. Es entonces también cuando la reivindicación de los derechos individuales cobra mayor fuerza. Por ejemplo, cuando los economistas hablan sobre la teoría de la elección, sostienen la misma en la capacidad de poder optar por una alternativa de todas las posibles al alcance del elector. Esta decisión, si bien se fundamenta sobre la capacidad del poder adquisitivo del individuo, no se tendrá que estar en un entorno social que posibilite ese ejercicio de elección. A la vez, su decisión está motivada por su conveniencia, por su satisfacción personal. Si planteamos el tema de esta manera, podríamos caer en el error de pensar que nuestra libertad nos posibilita a hacer siempre lo que queremos, sin embargo, esta visión simple de la libertar deja al margen la responsabilidad de lo que somos o de las consecuencias que de ella se desprenden nuestros actos. Arthur Schopenhauer, más interesado por el ser de las personas (donde reside su libertad) que por sus actos, considera que la libertad no se reduce a la posibilidad de hacer una cosa u otra, la cuestión de la libertad debe alcanzar la libertad de querer esto o aquello -dado que la voluntad es originaria- y es en ella donde radica el propio ser. Esto es que "en la conciencia de la responsabilidad se encuentra la de la libertad[39]". A partir de aquí, Schopenhauer recomienda diferenciar tres variantes de libertad:

a) Libertad física: que se produce por ausencia de obstáculos materiales. En este caso el único impedimento a nuestras acciones vendrá determinado por nuestra propia voluntad de querer hacer o no una cosa u otra.

b) Libertad moral: es un estadio superior a la mera libertad de hacer. Se trata de aceptar que la libertad de nuestras acciones venga condicionada por una rigurosa necesidad la cual cosa nos responsabiliza de aquello que hacemos.

c) Libertad intelectual: que se produce cuando la facultad cognoscitiva de la persona, su intelecto, se encuentra liberada de cualquier perturbación o coacción, externa o interna. Solo así sus acciones, consecuencia de su voluntad, le serán imputables moral y jurídicamente[40].

Sin embargo cuando corrientemente hablamos de la libertad, a menudo nos referimos al primer nivel analizado. Suponiendo que esa voluntad de hacer sea libre, lo que en definitiva nos mueve en uno u otro sentido será nuestra conveniencia o autoconciencia.

39   *La Libertad de la Voluntad*, Alianza Ed., pág16.
40   Sobre estas tres categorías propuestas por Schopenhauer, véase *Op. Cit.*, págs. 45-47.

4.5.- El Civismo y la reafirmación de la identidad personal

La cuestión de la conveniencia viene asociada a un estado, a veces inconsciente, de libertad suprema. En ese escenario imaginario nos sentimos fieles solo de nosotros mismos. Por lo pronto, nos olvidamos de que la conducta humana es básicamente normativa, que una mejor interacción social es aquella que se articula bajo la obediencia de leyes o normas de manera que esta aparente libertad absoluta se debilita cuando necesariamente debemos observar cierto comportamiento de civismo. Saber vivir en sociedad, en latín *civis*, implica acatar unas normas conductuales que deben ser de obligado cumplimiento en tanto que el hecho de compartir espacios requiere cumplir unas pautas mínimas basadas en el respeto al prójimo: el conocimiento de los deberes y obligaciones, cumplir con las normas de urbanidad, buen uso de los bienes y servicios públicos, facilitar la movilidad a los discapacitados, la no degradación del medio ambiente, ser cortés con los demás, respeto a opiniones contrarias -aunque se discrepe- o el respeto a la autoridad misma en el ejercicio justo de su autoridad, etc. Y aun cuando sean valores que todo ciudadano debe saber y respetar, generalmente, sin embargo, el civismo va asociado con sociedades desarrolladas y tolerantes. A pesar de ello, todo buen gobierno debe fortalecer (incluso desde temprana edad) la conciencia de una sociedad tolerante, el aprecio por la libertad, el respeto a las instituciones o la conciencia solidaria. En este proceso de aprendizaje, en su fase inicial, la complementariedad entre la familia y la escuela es crucial pero también la administración, para evitar que el niño entre en contradicción. Por ejemplo, si el niño se educa en el respeto por el medio ambiente y a menudo observa cómo las calles se inundan de suciedad, o cuando desde las escuelas u hogares se le educa en la no violencia al mismo tiempo que se es atosigado con programas televisivos violentos, lo más seguro es que el niño entre en conflicto consigo mismo. En esas circunstancias, lo más fácil es decantarse por lo malo, porque supone menos sacrificio de asimilar.

También el civismo tiene que ver con la propia reafirmación de la persona. Cuando por ejemplo nos identificamos con una característica o estatus es porque existe otra contraria. Somos grandes, altos o negros es porque necesariamente hay otros que son pequeños, bajos o blancos. Los ricos lo son porque hay otro colectivo que es pobre. Reconocer la existencia de un colectivo mayoritario implica que hay una minoría de manera que ignorar la otra cara de la moneda vacía de contenido la nuestra propia. Este es un ejercicio que en ocasiones se plantea un tanto arduo de resolver, especialmente en las sociedades pocas evolucionadas. Aquí, en esta jungla, tan siquiera las instituciones tienen la fuerza suficiente de habilitar espacios de concordia. Desde luego, en un escenario igual la dimensión humana, la de los excluidos, se reduce a meros testigos de la actualidad.

V.- INSTITUCIONES Y y PACTO SOCIAL

5.1.- Instituciones Sociales

Para analizar la importancia de las instituciones sociales podemos recurrir, por ejemplo, a John Rawls, para quien "las Instituciones Sociales han de ser sobre todo justas, además de ser ordenadas y eficientes[41]". La justicia es, por lo tanto para Rawls, la primera virtud de las instituciones sociales. Una justicia fundamentada en la correcta distribución los deberes y derechos esenciales de las personas y que determina la división de las ventajas provenientes de la cooperación social[42]. La fundamentación de Rawls parte de tres ejes principales:

a) *El contractualismo*, básico para explicar, desde la moral, la conducta humana. En este caso, sostiene Rawls que nuestra obediencia a ciertas reglas se debe a un mandato moral lo cual nos demanda cumplir con aquellos compromisos adquiridos.

b) *La igualdad*, esencial para que las instituciones sean justas. Esto es tanto como decir que, partiendo de que cada persona nace en circunstancias y con cualidades diferentes, lo más importante para unas instituciones sociales es procesar eficientemente estas desigualdades. "La naturaleza no es justa o injusta con nosotros, lo que es justo o injusto es la manera en la que el sistema institucional procesa estos

---

41   *Las teorías de la justicia después de Rawls*, pág. 21 y siguientes.
42   *Op. Cit.*, pág. 35.

hechos de la naturaleza[43]".

c) *El utilitarismo.* El deber de las instituciones sociales de ser justas es precisamente esta utilidad que debe proporcionar, de lo contrario, sentencia Rawls, o se reformulan o se abolen.

Por su parte, la sociología del conocimiento nos explica los orígenes de la justica desde la habituación de las actividades humanas y del orden social. En efecto, si por una parte aceptamos que la mayor parte de las acciones que ejecutamos a lo largo de nuestras vidas forman un compendio de actos repetitivos y, por otra parte, asumimos que la socialización es intrínseca a la naturaleza de humana, estamos admitiendo que el ser humano está condenado a externalizarse y a regular sus relaciones con los demás. Es así que toda sociedad, incluso en su estructura más primitiva y reducida, se caracteriza por la complejidad de caracteres, opiniones y objetivos de sus individuos. Una buena gobernabilidad de esta pluralidad es esencial para la marcha tranquila de la misma. Será necesario establecer unas pautas funcionales que, a la postre, configuran su cuerpo normativo. De aquí la importancia de las **instituciones sociales**, entes cuya razón de ser es satisfacer las necesidades básicas de dicha sociedad en términos de justicia. La institucionalización se presenta así como respuesta a la necesidad de tipificar las diversas acciones corrientes de los diferentes actores. Su importancia dependerá de la eficacia con la que cumplen sus funciones dado que la confianza en ellas deriva de esa efectividad; su aceptabilidad, como sostiene Amartya K. Sen, dependerá "de la bondad de los

---

43   *Op. Cit.*, pág. 41.

estados sociales que produzcan". Esto es, "en función de la utilidad que los diferentes individuos obtendrían de tales estados[44]", lo que equivale a decir que cada persona se sentirá a gusto o no en una organización social si se identifica con las funciones que cumple dicha organización o cuando esta le aporte aquello que cree pertenecerle o espera recibir de ella.

Sin embargo, ya que el ser humano posee cierto instinto agresivo innato y un deseo sin límite por su superación, se requiere establecer un elemento persuasor (Estado) para que sean respetadas las reglas de juego. Para que se produzca tal justicia, J. Rawls aboga por un Estado muy activista, aquel cuyas "instituciones fundamentales deben contribuir en la primordial tarea de igualar a las personas en sus circunstancias básicas[45]". A partir de ahí las acciones habituales de un conjunto social deben desarrollarse en un contexto de orden y estabilidad. Esta búsqueda de equilibrio se debe de desarrollar sobre la base de lo que Robert Nozick denomina "Libertad negativa", mediante la cual, el Estado debe procurar que nadie interfiera en los derechos básicos de otros[46]. Por supuesto que R. Nozick defiende, en contraposición a Rawls, un "estado mínimo" cuyas obligaciones son respaldar el cumplimiento de los contratos celebrados entre los individuos, la protección de estos contra el fraude, robo y el uso ilegítimo de la fuerza, etc., pero de ningún modo imponer ciertas exigencias que menguen la libertad o las propiedades de algunos en bene-

---

44   *Bienestar, justicia y mercado*, pág 17.
45   *Las teorías de la justicia después de Rawls*, pág. 45.
46   *Op. Cit.*, pág. 48

ficio de otros.

De manera que las instituciones sociales surgen como resultado de la vida social, precisamente para solventar las necesidades de ese grupo social. Esta singularidad hace que los cambios sociales o la complejidad social demanden nuevos retos y que las instituciones estén expuestas a permanentes censura y cambios. Una sociedad saludable mostrará un fuerte apoyo a las instituciones sociales de dicha sociedad, valga la redundancia. Cuando las normas se aceptan de manera general, las personas siguen un comportamiento que las conduce al cumplimiento exitoso de las necesidades sociales por lo que un bajo nivel de confianza en las instituciones existentes es sinónimo de una sociedad obsoleta.

5.2.- La familia

Este cuerpo normativo estará articulado por varias instituciones sociales y vendrá marcado por objetivos específicos de cada comunidad. Variarán de las perspectivas de vida que se posean, sus condiciones socio-históricas, su economía y el desarrollo de su cultura, principalmente. Sin embargo, centraré el análisis en la familia y su evolución.

La familia es la más antigua de las instituciones, piedra angular sobre la que se ha edificado todo el juego social y en la que se pivotan todas las competencias sociales de la vida del individuo. De la familia, el individuo aprenderá las primeras lecciones de la vida, asimilará una base cultural, ética y moral que supondrá su bagaje básico y le acompañará durante su recorrido hasta su ocaso -incluso hasta el más allá, según creencias animistas-. Después se irán incorporando influencias de otros agentes socializadores y agrupaciones afectivas con diferentes pesos en la formación del individuo. Por ejemplo, las pandillas y peñas juveniles ejercen una influencia más poderosa en la formación del adolescente que la asociación vecinal en la persona adulta. Si bien es cierto que su estructura varía según sociedades y contexto, lo cual dificulta una definición universal, no es menos verdad que se trata de un sistema social de carácter universal. Una aproximación a una definición de carácter general es, por ejemplo, la que nos sugiere el antropólogo George Murdock para quien la familia es todo ente social capaz de integrar cuatro funciones esenciales: sexual, reproductora, socialización y cooperación económica. Históricamente, estas cuatro funciones, al menos en las sociedades occidentales, se condensaban en la figura del matrimonio, entendido como toda relación estable registrada por ley; el reconocimiento público y legal de la domicialidad o la transmisión de los derechos entre cónyuges son algunas de las características esenciales que definen el matrimonio. Con el paso de tiempo y con la asunción de nuevas formas de asociación este concepto tradicional de unidad de producción ha ido quedando en desuso. La influencia de las nuevas tecnologías, desde principios del siglo XIX, y los cambios sociales han ido desposeyéndola de sus privilegios. Ahora es el individuo, y no la familia, el centro de toda organización social. Los éxitos o fracasos de la sociedad se evaluarán en base a las realizaciones de los individuos. Este cambio en las preferencias sociales implica dos cuestiones:

a) Las valoraciones económicas y materiales se han impuesto sobre cualquier otra relación humana.

b) consecuentemente, se tiende a confundir el individuo con cualquier otro producto de mercado, donde a veces la capacitación personal no llega a ser suficiente. Hace falta, además, el buen vestir o la buena presencia, la predisposición permanente para esto y lo otro, la ambición por la conquista de objetivos mayores, etc.

5.3.- Nueva familias y Redes Sociales

En esta nueva contextualización aparecen nuevos modelos de asociación: nuevas familias y redes sociales. A fin de cuentas, el ser humano sigue sintiendo la necesidad de seguir siendo social, esto es, compartir espacios, objetivos, preocupaciones, tener a alguien con quien contar sus preocupaciones, etc. Incluso, como diría un amigo, ahora más que nunca siento la necesidad de estar con mi esposa aunque solo sea "para pelear", y es que la soledad misma mata, como dicen los castizos. La persona sigue sintiendo la necesidad de ser útil socialmente, eso sí, sin tener que someterse a "ataduras", de manera que con las transformaciones sociales van surgiendo nuevas realidades de interrelación. Habría que justificar el existencialismo o tal vez para justificar lo que antes he catalogado como *fallo social*, aunque también tenga algo que ver con la realización del individuo.

Está claro que las nuevas familias sociales, con las que compartimos complicidades, han venido a sustituir a las tradicionales. Se diferencian de ellas básicamente porque con esta nueva interrelación no existe más compromiso que el que uno quiera dar. Nuestras valoraciones puntuales, disponibilidad y medios jugarán un papel fundamental tanto para mantener como para deshacer o conformar nuevas relaciones pero, sobre todo, no nos comprometen a casi nada. Son una especie de relaciones lúdicas, necesarias para cubrir ciertos vacíos cotidianos concretos y puntuales hasta que se presente la nueva necesidad u ocasión. Mientras tanto, el "lo mío es mío y lo tuyo es tuyo" es la señal que marca las intenciones de este tipo de contrato de obra y servicio cogido con alfileres. Esto no es así en las relaciones familiares tradicionales; en ellas, el deber-obligación forma parte del entronque que justifica su razón de ser, sobreviven por compromiso y sus miembros se esfuerzan en cooperar por el bien del grupo, hasta que la muerte los separe, como dicen los cristianos.

El último gran impacto de estas nuevas familias son las redes sociales. Unas estructuras sociales que, a diferencia de la familia tradicional u organización social, surgen del impulso de una idea a la que después se van adhiriendo otros miembros con el propósito de compartir preocupaciones, necesidades o intereses. Generalmente, se trata de un grupo abierto, en constante construcción, que permite romper con el aislamiento que aqueja a determinadas personas.

Las más extendidas son las que se difunden por Internet. Desde su aparición, allá por los años 2001-2002, han experimentado un crecimiento vertiginoso. Esta herramienta (Internet) ha permitido varias ventajas, como la facilidad de propagación ya que un nuevo suscriptor puede atraer a varios nuevos componentes, una interacción más dinámica entre los miembros que pueden compartir a la vez sus preocupaciones o intereses con varios miembros, una alta capacidad de impacto puesto que desde una idea débil o diminuta se consigue una gran repercusión, etc. Al margen de cómo se constituyen y propagan, lo más llamativo es el poder que tienen. Han demostrado que las grandes conquistas también pueden surgir de pequeñas y pacíficas agrupaciones. Las recientes revoluciones en el Norte de África han venido a demostrar la verdadera capacidad de coordinación, persistencia e incorporación de nuevos miembros de estos "vínculos débiles", término acuñado por el sociólogo Mark Granovetter[47]. En efecto, este tipo de asociación reafirma la teoría de los *vínculos débiles* de Mark Granovetter cuando sostiene que la mayoría de la gente valora más los lazos que han establecido con quienes comparte intereses, emociones y experiencias comunes.

Una variante de este tipo de organizaciones son las Tribus Urbanas que, por lo general, son asociaciones de jóvenes de variada filosofía e intereses que surgen por rebeldía contra las normas establecidas. Podría decirse que son anti-sistema ya que se mantendrán al margen de la política,

---

47   Granovetter define *"vínculos débiles"* como las relaciones sociales caracterizadas por el contacto poco frecuente, una falta de cercanía emocional y una corta o inexistente historia de favores recíprocos.

religión y problemas sociales. Nacen y se desarrollan en el contexto de una ciudad como consecuencia de la añoranza de un modelo social que los identifique. Como quiera que sea, sienten la necesidad de agruparse y de expresar su visión particular de la sociedad y se ingenian su propia identidad mediante símbolos generalmente corporales e indumentarios.

También en África van proliferando estas nuevas formas de asociación. Es el caso de aquello que por allí llaman *"ayuda mutua"*. La explicación de estas nuevas relaciones posiblemente radique en la necesidad de seguir cooperando desde la pobreza o contra ella. Son verdaderas redes familiares que están presentes con su apoyo material y económico ante cualquier acontecimiento que sobrevenga a cualquiera de sus miembros[48].

5.4.- Pacto social y ciudadanía

La cuestión de la cohesión social, o lo que es lo mismo, el fomento de un espacio de voluntades libremente asociadas, es esencial para construir un Estado multicolor cultural y político. Habrá que recordar aquí que un Estado que pretende obtener su legitimidad democrática tendrá que conseguir como premisa básica que sus ciudadanos acepten voluntariamente y por convicción el orden políti-

---

48   Para mayor desarrollo de este tipo de cooperación en África, véase Muakuku Rondo Igambo: *Crisis y Capitalismo Periférico*, Ed. Carena, págs. 77 y siguientes.

co y jurídico establecido. Esta libre aceptación se produce cuando dicho orden es articulado a partir de un consenso, es decir, un pacto social como la manifestación libre de adhesión de las diferentes colectividades que conforman una determinada organización. Una legislación impuesta difícilmente conseguirá la participación eficiente de sus miembros en la **Cosa Común-Pública.** Mediante un pacto social, sin embargo, es posible el civismo y, con él, el fortalecimiento del Estado porque, cuando todos somos invitados a consensuar nuestra convivencia, cada uno de nosotros se siente reconocido dentro de ese hábitat común. Cuanto más se sienta reconocida la identidad de cada uno de nosotros, o su hecho diferencial, más dispuestos estaremos a dar el máximo por el bien común. No obstante, habrá que reconocer también que la plasmación real de una sociedad cohesionada socialmente, en la que todos sus ciudadanos se sienten identificados y en la que todos sean capaces de contribuir en los proyectos globales plantea varias cuestiones que deben ponerse sobre la mesa, como pueden ser el diseño del hogar común-público, determinar los mecanismos de participación en ese hogar público y luchar en contra del egoísmo individual.

a) El diseño del Hogar Común entra de lleno en el modelo de Estado más adecuado para cada comunidad puesto que supone acomodar la territorialidad del Estado en su singularidad cultural-nacional.

b) Una vez estructurada la Casa Común, habrá que organizar los diferentes mecanismos de participación en las cuestiones comunes, establecer mecanismos que posibiliten una representatividad razonable de todos los segmentos de dicha población.

c) No serán suficiente los dos escenarios anteriores si no somos capaces de fomentar un espíritu solidario. En este sentido, uno de los problemas que se tendrá que superar es el Egoísmo Individual de sus ciudadanos. ¿Cómo lograr que estén dispuestos a sacrificarse por el bien común, cuando sea necesario, unos individuos que hacen del placer presente el único objetivo de su vida? Según aseveró Daniel Bell, "en una sociedad movida por individualismo hedonista, en la que sus individuos se mueven únicamente por el interés de satisfacer sus necesidades presentes, no sienten la menor preocupación por la cosa común pública". Para superar este desafecto propone el fortalecimiento de lo que él denominó el *hogar público*, a través de la religión de los ciudadanos: un espacio en el que todos los ciudadanos, a pesar de ciertas diferencias, se sienten atraídos por los símbolos históricos relevantes[49]. Esto es posible si se articulan mecanismos de justicia social mediante los cuales, y de manera libre, se pueda producir una adhesión a la causa común sin la mediación de medidas coercitivas o de la legislación impuesta. Para ello habrá que adecuar las leyes a la voluntad del pueblo. La cuestión es: si nuestros gobernantes gobiernan en defensa de nuestros intereses o, por el contrario, por encima de todo están los suyos. En las democracias occidentales la respuesta parece bien sencilla y afirmativa. Los presidenciables someten a la aprobación popular su programa electoral, que recoge las inquietudes del pueblo a su vez reflejadas a través de encuestas de opinión. La capacidad de convencer de uno hará que su pro-

---

49   Cortina, Adela: *Ciudadanos del mundo*, Alianza Ed., pág. 20.

grama sea elegido como el mejor. Hasta aquí todo parece perfecto. La mayoría gana y hay que respetar las reglas de juego. Pero qué pasa cuando el ejecutivo incumple o se desvía de su programa en aspectos esenciales, por ejemplo, si promete el pleno empleo y la tasa de parados no cesa de subir. Los mecanismos democráticos deberían resolver la incógnita llevando al ejecutivo a un cese fulminante. Pero no es así. Esto es un fallo democrático. En la empresa privada, los directivos que no alcanzan sus objetivos son rescindidos de sus responsabilidades de inmediato pero los gestores de la cosa común-pública argumentarán coyunturas económicas externas para camuflar su imprevisión.

En países pocos familiarizados con los mecanismos democráticos las cosas son aún más inverosímiles. El candidato oficialista se alza con el 99,9% de los votos, por lo menos y, en todo caso, siempre tendrá bajo su control mecanismos para asegurarse otra legislatura. Así se explica que se eternicen los conflictos sociales o étnicos en varios países como, por ejemplo, Congo, Nigeria, Siria o Venezuela. En el caso de África, habrá que recordar que una de sus singularidades es su complejidad étnica, donde además la mayoría de la población sigue anclada en sus esquemas tribales. Se recomienda pues que sus democracias deban resolver esta cuestión encontrando acomodo en ese mosaico étnico. Sus gobiernos deben ser representativos y multicolores para que todos se sientan identificados en ese proyecto común llamado Estado. Mientras no sea así, lo más esperado es que la cohesión social siga siendo una quimera. Los gobiernos de las mayorías seguirán siendo para la minoría, su minoría.

5.5.- La participación en la Cosa Común-Pública

En las últimas décadas, incluso en las sociedades menos desarrolladas y en las primitivas, se ha extendido una crisis social por la cual los objetivos sociales, colectivos y futuros se han suplantado por el interés de satisfacer deseos presentes e individuales. Este desinterés, o desafecto por los objetivos de la comunidad, se debe a lo que Daniel Bell ha llamado "individualismo hedonista", que pone en peligro los dos grandes logros de la modernidad: la democracia liberal y el capitalismo.

Cabe remarcar que la política en ocasiones se desmarca de su razón de ser y de actuar: la construcción de una sociedad de voluntades consensuadas en la que todos deban sentirse identificados. Con esta premisa básica es posible que los ciudadanos estén dispuestos a construir una comunidad política, a sacrificar parte de sus posiciones estratégicas en beneficio del bien común. En este sentido, Daniel Bell propone tres medidas:

a) fortalecer la administración de los ingresos y gastos del Estado, lo que él denomina el *hogar público*. Desde esta fortaleza es posible una mejor distribución de la riqueza.

b) promover una *religión civil*, aquella fuerza por la cual los ciudadanos se sienten identificados por los símbolos y acontecimientos relevantes de su comunidad, región o país.

c) impulsar una *religión de los ciudadanos*, un tipo de acogimiento que funciona como catalizador de sentimientos comunes por aquello por lo que se cree y debe ser defendido[50]. En consonancia con las dos primeras consideraciones anteriores, la religión permitirá que los ciudadanos (pese a sus discrepancias políticas, culturales, etc.) se sientan miembros de dicha comunidad. Esto equivale a sacrificarse por su comunidad para la cual cosa no basta con promover una religión civil si el hogar público es débil. La justicia distributiva, en términos de distribución de la riqueza, de las oportunidades y también del poder participativo en la gestión de los asuntos políticos y sociales de esa comunidad o región, es el epicentro sobre el que ha de pivotar toda la política social. En esto consiste la construcción de un Estado de derecho que habilite la participación activa en los asuntos de la *polis* a todos los que lo conforman, que habrán de reclamarle pluralidad, protección de sus derechos naturales y la integridad y libre disfrute de sus propiedades.

La utilidad del Estado quedaría justifica así si es capaz de salvaguardar los derechos de su población. De hecho, es el argumento que sostiene Jean J. Rosseau quien asegura que el Estado surge "cuando los hombres se dan cuenta que para defender mejor su vida, su libertad y su propiedad deben agruparse y elegir a alguien para que los gobierne". Sin embargo, si pretendemos dar una definición aproximada nos encontraremos con varias acepciones a lo largo de su evolución. Así por ejemplo, si recurrimos a Max Weber podríamos quedarnos con que el Estado es el "legítimo detentor del monopolio del uso de la fuerza en un territorio para el mantenimiento del orden". Sin embargo, con esta consideración dejamos implícito que la máxima autoridad

---

50   *Op. Cit.*, págs. 20-21.

de ese Estado ordenará ejecutar a su antojo su voluntad. De hecho ha sido así, y sigue siéndolo, en los llamados Estados autoritarios. Aquí la voluntad de los ciudadanos queda reducida a escombros, mientras la máxima figura de dicho Estado campa con una inmunidad absoluta y pasmosa en unos territorios que considera de su propiedad exclusiva, fruto de "sus conquistas". Estaremos, por lo tanto, ante un absolutismo a imagen y semejanza del rey de Francia, Luis XIV, a quien se le atribuye la célebre expresión de *"el Estado soy yo"*. Esta manera de concebir el Estado se aleja de todos modos de los orígenes conceptuales de Maquiavelo o de los griegos en la Edad Media. En ambos casos los términos *polis* o *stati* encierran tres elementos: Pueblo, Territorio y Poder. O sea, un pueblo asentado en un territorio y en el que se ejerce un poder de gestión designado por ese pueblo. Afortunadamente los excesos de Luis XIV acabaron encontrando una adecuada respuesta en la Revolución Francesa, a partir de 14 de julio de 1789, considerada por muchos como la pauta principal del cambio de la evolución del significado de la palabra Estado. El levantamiento popular contra Luis XIV permitió suscribir la Declaración de los Derechos del Hombre y del Ciudadano, basada en la teoría sobre El Contrato Social de Rosseau; para este, "la fuerza no constituye derecho" y "el fundamento único de toda autoridad legítima serán las convenciones[51]". De esta manera, "cada uno de nosotros deberá poner su persona y todo su poder bajo la suprema dirección de la voluntad general, recibiendo a cada miembro como parte indivisible

---

51   *Contrato Social,* pág. 8.

del todo[52]". Cualquier otra consideración ni es estado ni es gobierno del -y para- el pueblo. Siendo así, habrá que recodificarlo siempre en la órbita del pueblo.

5.6.- Estado y Seguridad Jurídica

Durante el largo recorrido del Estado, atrás quedaron la teoría egipcia (cristalizada en el faraón) o la griega, en la que además se necesitaba especificar el territorio, la polis o ciudad. Más adelante, con los romanos, el Estado aparece condicionado por las interacciones de distintos grupos humanos. Con estos mimbres se llega a la concepción moderna del Estado de Derecho.

En su definición comúnmente admitida, se acepta como aquella estructura delimitada geopolíticamente y con capacidad de: A) gestionar por sí misma sus recursos y los conflictos que se generen como consecuencia de su distribución entre sus habitantes. B) garantizar por ley la igualdad, la libertad y la seguridad de sus ciudadanos. C) defenderse y defender sus habitantes ante agresiones externas y movimientos extremos de determinados colectivos antisistemas insatisfechos. D) integrar valores añadidos de todas las sensibilidades nacionales, porque es así como puede crear valor añadido nacional; todo ello sin perder de vista su consideración de una organización gestada a partir de la voluntad de sus ciudadanos o naciones, de manera que la soberanía de dicho Estado es derivativa de las soberanías

---

52   *Op. Cit.*, pág. 15.

de las naciones o comunidades que lo integran.

Ahondando en su consideración, y para que se pueda hablar de un verdadero Estado de Derecho, hace falta que su poder y actividad se encuentran regulados y controlados por el derecho además de que sus autoridades se sometan al derecho vigente y que la esfera de derechos individuales sea respetada a través de un sistema de contrapesos que permitan adecuar el ejercicio del poder público.

Desde mi ignorancia jurídica, pero con la inquietud por querer saber qué debemos entender por un Estado de Derecho, mi amigo, Antonio Pascual Oko, prestigioso jurista guineano, con su habitual clarividencia me explica que "se trata de aquella organización configurada por normas, principios y valores que definen una estructura en la que el orden jurídico debe cumplir tres funciones básicas: A) garantizar el respeto de los derechos humanos y a la libertad de sus ciudadanos. B) contribuir y cooperar al progreso, a la justicia y a la paz social. C) y sobre todo, garantizar la seguridad jurídica. Es decir, acreditar a sus habitantes la integridad de sus bienes, derechos y en todo caso la reparación de los mismos en caso de que hayan sido violentados".

Todo esto es lo que los juristas resumirían en tres máximas:

a) Estado en el que el derecho es el principal instrumento de gobierno.

b) que sea la ley la única guía de la conducta ciudadana

c) que los poderes sean capaces de interpretarla y aplicarla congruentemente.

En cuanto a la seguridad jurídica, aclara A. Pascual Oko que "se trata de un principio del Derecho, universalmente reconocido, que se entiende y se basa en la *certeza del derecho*". En este sentido, la certeza del derecho abarca tanto su ámbito de publicación como en su aplicación. Precisamente por esta seguridad jurídica, algunos juristas justifican la necesidad del Estado argumentando que hace falta un Estado que garantice la paz y que mediante normas jurídicas la población se mueva, dentro de un marco constitucional, con autonomía y libertad.

VI.- DEMOCRACIA Y LIBERTADES

6.1.-Sistemas Políticos y Gobierno: la Democracia

Nada de todo lo dicho sería factible si no se organiza previamente un sistema político y de gobierno capacitado para responder a estos requerimientos, que en definitiva nos conducen a un estado de diálogo y de consensos, comúnmente llamado Democracia.

Sin embargo, no debemos confundir estos términos ya que presentan connotaciones diferentes. Por sistema político se alude a la forma en la que se organiza una sociedad, o sea, sus interacciones en cuanto a la distribución de la *Cosa Común*: poder, riqueza. etc.; mientras que la forma de gobierno responde más bien a la manera en la que se debe ejecutar dicha distribución. Cada estado determina el modelo de interacciones que debe de adoptar. Por supuesto, cualquiera que sea el modelo, todas presentan luces y sombras aunque, de manera generalizada, sea la democracia la que mayor grado de aceptación presente.

Variantes al margen, aunque todavía hoy podemos asistir en algún rezagado país debates sobre la conveniencia de un sistema democrático frente a uno diferente, no es menos cierto que la democracia se presenta como espacio de creación de oportunidades, y no porque con la democracia se eliminen todos los conflictos sociales, pues su eficacia en cada país y momento dependerá de cómo se ejerce. Sin embargo, parafraseando a Churchill, "la democracia -con todas sus imperfecciones como sistema- al menos permite que todos vivan en él".

En efecto, si atendemos a todo lo anteriormente expuesto, una organización social democrática aproxima a las personas a su expresión libre de pensar, de elegir o de hacer; se diferencia de los sistemas totalitaristas en que mientras en estos los individuos no necesitan pensar ni elegir, sino hacer lo que se les diga, en la democracia los individuos son capaces de explotar sus capacidades.

Está demostrado también que cuanto mayor sea el grado de apertura democrática (libertades políticas y sociales) mejores posibilidades de crecimiento económico tendrá esa comunidad. Si bien es cierto que no se pretende ser tan categórico como Milton Friedman, cuando sostuvo que "sin libertades políticas no es posible un desarrollo económico", sí es verdad que estas son un lubricante esencial para que la locomotora económica transite mejor. Por supuesto que esta visión encuentra una fuerte oposición en los regímenes dictatoriales que basarán sus argumentos en la inmadurez de la sociedad para asimilar las claves de una sociedad plural abierta y que el pluralismo trae convulsiones en el país puesto que la democracia (en los términos expuestos) es un invento Occidental; que lo más apremiante es procurar a la población el sustento que no las libertades políticas; que es más importante asegurar la paz e incluso algunos equipararán el crecimiento del PNB con el desarrollo del país, y así un largo etc.

Sobre este particular, los macro-economistas rebatirán este argumento fácilmente en el sentido de que esta magnitud propiamente estadística se limita a recopilar la producción obtenida en un periodo por un determinado país. No garantiza que la misma se haya distribuido, o se vaya a repartir, de manera equitativa entre la población. De hecho es así. Basta con observar, por ejemplo, cómo se produce dicho reparto en determinados países africanos con fuerte crecimiento de su Producción Nacional Bruto. Allí, mientras el 95% de la población sigue sin garantizar su sustento corriente (carecen de luz, agua potable, sanidad, educación ni vivienda), el 5% restante goza de todas las comodidades dentro y, sobre todo, fuera del país donde atesoran ingentes bolsas de dinero extraídas de manera fraudulenta de esa PNB del que pretenden justificar el avance positivo del país. Aún así, en el supuesto de que la misma sea distribuida equitativa, el desarrollo de un país debe contemplar otras claves como, por ejemplo, libertades políticas y sociales porque es a través de ellas donde se incrementan las capacidades de los individuos. En efecto, en una sociedad en la que sus habitantes son capaces de ejercer sus derechos políticos (criticar, protestar, votar, etc.), sus gobernantes están obligados a diseñar con el concurso directo o indirecto de esa población las necesidades reales del país además de reformular las prioridades y los valores cambiantes del país a través de debates públicos.

De esta manera, no se puede estar de acuerdo con la corriente arbitraria de determinados dirigentes, muy extendida en algunos países del Tercer Mundo, cuando sostienen la inmadurez o desinterés político de su población porque, por otra parte, dudan de su capacidad de aprendizaje y de asimilación. Si bien es cierto que situándonos en la escala de valores de Maslow, cuando el hambre es acuciante, parece ser que el instinto por la supervivencia nos lleva a preocuparnos por asegurar el estómago antes de malgastar las exiguas energías en debatir cuestiones situadas en la tercera escala de valores de Maslow quien, en su "teoría sobre la motivación humana", establece cinco categorías piramidales de las prioridades humanas. En la parte más baja de la pirámide se encuentran las necesidades más básicas, o sea las necesidades *fisiológicas*. En la escala inmediatamente superior están las necesidades relativas a la seguridad y la afiliación (necesidades *sociales*); luego, las necesidades de *pertenencia a grupos*, las necesidades *de autoestima* y, para finalizar, las necesidades *de autorrealización*.

Es verdad que aquellos que abarrotan el mercado de Mbopi (en Douala-Camerón) desde muy temprana hora de la mañana, bajo un sol de justicia, en busca de 2.000 francos cefas -equivalentes a 3€- insuficientes para cualquiera menos para ellos, porque les garantiza alimento para el día siguiente, o los que vagabundean por el conflictivo bario de Nkembo (en Libreville-Gabón) o en la misma atiborrada ciudad de Lagos (Nigeria), no desatenderán este primer eslabón maslowiano. De ahí la importancia de un sistema democrático solvente que permitirá a esa población expresar y defender sus reivindicaciones.

Por si hubiera duda, solo queda aplicar la prueba del algodón: construir un espacio de democracia plural y habilitar escenarios de opinión y facilitar libertades de empoderamientos.

6.2.- La Democracia participativa y los mecanismos de control

Resulta redundante este subtítulo siempre que el término democracia de por sí implique un ejercicio de participación. Sin embargo, con ello se quiere cuestionar cierto inmovilismo de determinadas democracias que han quedado ancladas, relegando la participación popular al mero ejercicio de votar cada equis tiempo. La ciudadanía moderna exige otro tipo de participación que suponga, entre otros aspectos, fomentar una nueva cultura de relaciones y que fortalezca el poder del ciudadano. La nueva ciudadanía quiere participar en la elaboración de los programas de gobierno, en la toma de decisiones en los asuntos que les competen y, sobre todo, en poder fiscalizar mejor la gestión de sus gobernantes. Los nuevos procesos democráticos deben estimular la participación social en todos los ámbitos de la vida social y cotidiana. Esta nueva relación entre los gobernantes y gobernados se debe plasmar en instrumentos operativos desde las bases locales. Los gobiernos que surjan de estas premisas, a priori, gozarán de mayor respaldo social y legitimidad pero, también, las nuevas democracias requieren establecer rigurosos mecanismos de control contra posibles atropellos o impunidades de los cargos públicos, comúnmente denominados controles horizontales, que pretenden persuadir tanto a presidentes, jueces como a todos aquellos que se extralimiten en el ejercicio de sus funciones con la posibilidad de someterlos a un juicio político. Esta figura del *impeachment* (o "juicio político") por parte de los parlamentos, de acuerdo con ciertas constituciones, se está extendiendo en varios países con la finalidad de actuar contra las acciones u omisiones ilícitas realizadas por aquellos que ostentan la representatividad del pueblo.

Sin embargo, en aquellos países que no tienen una fuerte tradición democrática, estos mecanismos son obsoletos; más bien serán interpretados por los altos poderes del Estado como una insolencia contra el poder establecido, o sea, contra ellos. De ahí que la eficacia en aplicación de estos mecanismos requiere avanzar con anterioridad por la larga senda de la transición hacia la democracia. Primero será necesario un cambio profundo en la cultura política; tanto uno como los otros deben asumir sus funciones, un compromiso común, esto es, no recurrirán a la fuerza o a mecanismos de desestabilización para obtener, perpetuarse o recuperar el poder. El marco constitucional y las reglas de juego deben ser respetados.

En segundo lugar, será necesaria una creación gradual de instituciones que se ajusten al modelo democrático que se pretenda adoptar, parlamentario o presidencialista. Una vez así, un sistema electoral adecuado se encargará del control vertical de dicha democracia. Sólo entonces, con cierta madurez democrática, es posible armar controles contra los excesos de los poderes públicos.

A su vez, la cultura democrática debe permitir articular un marco de convivencia y organización social con relaciones igualitarias entre los ciudadanos. Dicho de otra manera, la madurez democrática se alcanza cuando dicha sociedad goza de un sistema de relaciones horizontales.

Es aquí donde los mecanismos participativos en busca de consensos toman importancia ya que permiten que todos los que se vean afectados por una decisión, los que formen parte de la *Cosa-Común Pública*, puedan emitir sus opiniones directamente o a través de sus representantes lo cual adquiere especial importancia en los países con profundas raíces étnicas porque permite la diversidad y el debate político respetando a las minorías; incluso en sociedades sin fundamentalismos étnicos o religiosos, permite una democratización plena en las demás relaciones sociales: laborales, familiares, en las escuelas y universidades etc.

En lo estrictamente político, estos mecanismos (sistema político) se deben armar desde la base con alternancias políticas y de sentido comunitario, por tres razones. Primeramente, porque el dinamismo de una sociedad queda reflejado en el número de rotaciones que experimenta; evita el endiosamiento de aquellos políticos que hacen de la política su medio de vida. En Segundo lugar, con la alternancia, juntamente con unos mecanismos fiscalizadores eficientes, es posible articular un sistema en el que los políticos vivan para la política. En tercer y último lugar, un sistema político justo, como organización social que es, podrá posibilitar y reforzar en los individuos su sentido de pertenencia a esa comunidad, si se pretende asegurar una democracia consistente porque, como asevera Adela Cortina, "solo una persona que se siente reconocido por una comunidad puede sentirse motivado para integrarse activamente en ella" y de este modo podrá desplegar en beneficio suyo y de la su comunidad todas sus capacidades[53]. De esta manera, las instituciones por sí solas, sin un orden político, difícilmente garantizarían el bien común. Los partidos y los políticos son ese mal necesario para asegurar ese bien: su principio y fin ético. En su conjunto el sistema político será bueno si beneficia, acrecienta o promueve el bien común, de lo contrario, estaremos ante un modelo viciado que habrá que cambiar o reformular para adecuarlo a la conveniencia de la ciudadanía.

6.3.-El rol social de las libertades

"La libertad tiene miles de encantos que mostrar que los esclavos, por muy satisfechos que estén, nunca conocerán", William Cowper.

Todo lo anterior tiene que ver con el grado de las libertades. En efecto, como sostiene Amartya Sen, "el desarrollo puede concebirse como un proceso de expansión de las libertades reales de las que disfrutan los individuos[54]". Por su parte, William A. Lewis sostiene que el objetivo del desarrollo es aumentar la variedad de las opciones humanas. Desde estas concepciones más globales se integran no solo las consideraciones estrictamente económicas (crecimiento de rentas) sino también las de las libertades políticas, sociales y humanas y las de poder elegir.

---

53   *Ciudadanos del Mundo. Hacia una teoría de la ciudadanía.* Alianza Editorial.

54   A. Sen, *Desarrollo y Libertad*, Ed. Planeta, pág. 55.

Se ha comentado en el apartado anterior que la magnitud del PNB, sobre todo en los países con escasa cultura democrática, no es una variable determinante para medir el grado de las realizaciones de los individuos puesto que solo permite justificar cómo un 5% por ciento de la población sacia sus arcas mientras el resto de la población debe luchar por sortear no pocas barreras de privación. Para ellos, el premio es la intolerancia, ver pasar la abundancia por sus ventanas, el peso de la represión y, por si fuera poco, con frecuencia también les tocará un trabajo en estado de semi-esclavitud. ¿Dónde presentar sus quejas? ¿Quién las atenderá

El fomento y desarrollo de las libertades políticas y sociales permite posicionar a los individuos en la rampa reivindicativa de sus derechos, y reduce su nivel de marginación y de pobreza económica; favorece su acceso a la educación básica, a la sanidad pública y demás infraestructuras de base. Especialmente la sanidad y la educación son los verdaderos termómetros del grado de libertad de un país; una sociedad que no puede asegurar una sanidad a su población, está negando al mismo tiempo la posibilidad de escapar de una muerte prematura o de vivir saludablemente. De la misma manera que cuando no se garantiza una educación de base solo se está consiguiendo apartarles de los órganos de decisión de las cuestiones que les afectan. Como afirmó Sócrates, "la educación de la persona conduciría a la liberación de la *polis*, y que para salvar a la sociedad habría que empezar por salvar a cada uno de los individuos que la componen", de manera que una población sana y educada responderá mejor que una población enfermiza e inculta a los desafíos que se le presentan. O lo que es lo mismo, a partir de este escenario favorable donde también las libertades económicas (incrustadas entre las libertades políticas y sociales) pueden encontrar mejor acomodo no es posible avanzar, por ejemplo, en las libertades económicas si los individuos no son capaces (o no se les permite) debatir sobre las preferencias de la organización social en la que se hallan inmersos. Superadas estas privaciones, los mecanismos del mercado (sin llegar a los excesos de la libertad de mercado propugnada por los economistas clásicos) son más vigorosos para favorecer las transacciones, iniciativas y el empoderamiento de los individuos. Digamos que no es posible hablar de derechos económicos cuando la sociedad vive sometida o en estado de falsa conveniencia; incluso los más ricos de la región, por muy satisfechos que aparenten, tendrán que compartir o derrochar su abundancia con o en las precariedades del entorno. Basta hacer un recorrido por algunas de las grandes ciudades de África (llámese Abuya, Libreville o Yaounde, por citar algunos ejemplos) para observar cómo los ricachones de cada barrio tienen sus mansiones amuralladas y, posiblemente en su interior, viven rodeados de todo tipo de lujo. En frente, fuera del muro, están los marginados que comparten la misma putrefacción de la basura agolpada, los charcos de agua de las calles donde anidan mosquitos, los riachuelos y lagos en los que se convierten las calles con las primeras gotas de lluvia, etc. La falsa conveniencia de estos terratenientes les impide reconocer que, al margen de consideraciones económicas propiamente dichas, las libertades juegan un rol social fundamental. Con ellas es posible mejorar la calidad de vida de la población sin que sus rentas sean excesivamente altas. Diversos países del Tercer Mundo han experimentado en los últimos años un aumento espectacular de sus rentas per cápita; aumento que no ha estado acompañado proporcionalmente de una apertura hacia las libertades. Como consecuencia de ello, la calidad de vida de sus poblaciones, exceptuando el reducido grupo del 5%, apenas ha experimentado mejoras: las infraestructuras sanitarias -deficientemente equipadas en tecnología- no ofrecen las garantías básicas necesarias; la educación sigue sin superar sus problemas endémicos. Pese a todo, gozarán de ciertos derechos y libertades negativas, porque también a ellos les toca soportar ciertas calamidades. Es el caso la higiene. Las grandes bolsas de basura, los charcos malolientes de agua o la contaminación acústica -por aquello de que el medio ambiente no entiende de fronteras- afectan a todos. Lo mismo puede decirse de las carencias de las infraestructuras de transportes, comunicaciones y viviendas. Las deplorables redes de carreteras y calles, sistemas de comunicación o las deficiencias urbanísticas, dejan al descubierto una supuesta comparativa del aumento de la renta per cápita con la mejora del nivel de vida.

No es por lo tanto un problema de aumento del Producto Nacional Bruto o, en su caso, de la Renta Per Cápita. Bien es cierto que si el incremento del PNB desencadena un proceso de desarrollo adecuado, este debe proyectarse hacia la libertad. La cuestión básica es, por lo tanto, la mejora de los derechos y de las libertades de las personas. Es posible que una población, comunidad o país disponga de menor poder adquisitivo y sin embargo viva sustancialmente mejor porque sus niveles de libertad le permitirán consensuar y gestionar mejor la Cosa-Común Pública. Mejorando la limpieza y la higiene se gana mucho en sanidad; fortaleciendo los niveles de educación desde la base se adquiere mayor cualidad de derecho y, con ella, la población vigoriza sus herramientas de intervención y de participación en la transformación de las estructuras de su comunidad o país, en la prevención de determinadas calamidades; se observa cómo los desastres económicos, ecológicos y las guerras azotan más a países en los que sus poblaciones viven en precariedad de libertades que en aquellos otros países en los que estas son derechos reales consumados. Al contrario de lo que los dirigentes autoritarios pudieran sostener con un rancio discurso de "inmadurez" o desinterés de la población por las libertades, las ventajas de las libertades son las que condicionan a sus mandatarios a prevenir y evitar en exceso las penurias de la población. Al estar estos expuestos a una censura permanente de sus actuaciones, consensuarán con la población en lo que de verdad le interesa a la comunidad.

Esta actitud tan rácana de entender la responsabilidad de la gestión de la Cosa-Común Pública en estos dirigentes es, sin duda, una evidente manifestación de sus propias carencias en estas y, tal vez, en otras cuestiones. Cuando uno se siente limitado tiende a agarrarse a lo único a que cree ser capaz o la divina providencia le presenta. Acaban endiosados para vivir por encima del bien y del mal. ¿Qué más podrían hacer, se preguntarán, si abandonaran el sillón? De hecho, el resultado es, casi siempre, el mismo: la huida hacia algún escondrijo, para los más afortunados, los menos, tendrán que responder ante los tribunales nacionales o internacionales. En los países de democracias consolidadas, los mandatarios se aferrarán a los escaños de su grupo parlamentario y, en su caso, a pactos anti-natura con grupos minoritarios donde encontrarán en la debilidad del ejecutivo una fuente para aliviar su sed. En cualquiera de los casos estaremos ante una clara pérdida de legitimidad de las instituciones políticas. Cuando esta se produce, acaba desembocando en una preocupación por la ingobernabilidad de la Cosa- común Pública, cuya reparación es posible solo a partir del diálogo entre actores políticos y sociales.

6.4.- El precio de la Libertad

Si nos dispusiéramos encontrar un equilibrio que nos satisfaga a todos respecto de lo que cada uno concibe por ser libre, posiblemente nuestros esfuerzos serían infinitos pues cada uno se centraría en sus valoraciones personales, de acuerdo con su entorno y circunstancias. No en vano, una de las grandes reivindicaciones de la humanidad ha tenido como argumentos -por este orden- la búsqueda de la libertad, la paz, la democracia, la justicia y la igualdad. Por estas razones se han fundamentado y justificado, incluso, las guerras y se ha exhortado a los pueblos hacia la lucha contra las injusticias y por el restablecimiento del orden. Recordemos por ejemplo el discurso de la nación el 11 de septiembre de 2001 de George W. Bush, poco después del ataque terrorista a las torres gemelas: "Nuestra libertad ha sido atacada en una serie de actos terroristas deliberados y mortales [...]. Estados Unidos ha sido el blanco de un ataque porque somos el faro más brillante de la libertad [...]. Un gran país ha sido llamado a defender a una gran nación[55]". En nombre de la libertad, Bush declaraba la guerra a los afganos, aunque hubiese otras motivaciones. También en aras a la libertad Ronald Reagan solicitó el derribo del muro de Berlín: "Señor Gorbachov, ¡derribe este muro!", dijo en su discurso ante la Puerta de Brandenburgo aquel 12 de junio de 1987 en el que llegó a afirmar que "era un deber para los presidentes norteamericanos viajar hasta Berlín porque era un deber hablar de la libertad[56]". Pocos meses después, la Alemania unificada era un hecho.

En nombre de la libertad se invoca la paz y la libertad como garantía de una nación: "Hace 87 años, nuestros padres fundaron en este continente una nueva nación, cuya base es la libertad y la premisa de que todos los hombres nacen iguales (...)". Estas palabras fueron pronunciadas por el entonces presidente norteamericano, Abraham Lincoln, el 19 de noviembre de 1863 en Gettysburg para dar fin a la guerra civil norteamericana. También por la libertad de los negros norteamericanos, Martin Luther King luchó y murió: "Hace un siglo, un gran americano, bajo cuya simbólica sombra nos encontramos, firmó la Proclamación de Emancipación [...]. Pero han pasado cien años y los negros siguen sin ser libres [...]. La proclamación de la

---

55   Discurso de la nación el 11 de septiembre de 2011.
56   Discurso ante la puerta de Brandenburgo, Berlín Oeste, 12 de junio de 1987.

Emancipación de A. Lincoln abolía la esclavitud negra y les otorgaba los mismos derechos que a los blancos. Cien años después aquella realidad seguía siendo un sueño".

"Tengo un sueño", dijo Luther King ese día, "de que un día sobre las colonias rojas de Georgia los niños de quienes fueron esclavos y los hijos de quienes fueron propietarios de esclavos serán capaces de sentarse juntos en la mesa de la fraternidad [...]. De que mis cuatro hijos vivirán un día en una nación en la que no serán juzgados por el color de su piel sino por su carácter[57]". Por ese sueño, M. Luther King hijo fue hasta Lincoln Memorial a cobrar un cheque firmado por los arquitectos de la república americana cuando escribieron el texto de la Constitución y de la declaración de la Independencia mediante el cual se "garantizaba a todos los hombres y mujeres (blancos y negros) los derechos inalienables de la vida, la libertad y la búsqueda de la felicidad".

Pero la libertad, lamentablemente, no es gratuita, tiene un alto precio. "La libertad de los polacos cuesta muy cara", dijo Juan Pablo II en el transcurso de su discurso pronunciado en el Monasterio de Jasna Gora-Polonia, el 18 de junio de 1983.

Por la libertad e igualdad y contra el antirracismo y antiapartheid, Nelson Mandela pasó 26 años encarcelado. "Los africanos queremos formar parte de la población entera, no verse confinados a vivir en guetos [...]. Sobre todo queremos los mismos derechos políticos, porque sin ellos nuestras desigualdades serán permanentes", dijo Mandela

---

57   Estas palabras, las pronunció M. L. King en el Lincoln Memorial, el 28 de Agosto de 1963.

el 20 de abril de 1964 en Pretoria.

Por la libertad y la igualdad fue asesinado Martin Luther King aquel 4 de abril de 1968, un día después de haber visto la tierra prometida, en Memphis. "He visto la tierra prometida. Puede que no llegue allí con vosotros. Pero quiero que esta noche sepáis que nosotros, como pueblo, llegaremos a la tierra prometida [...]. Es por ese alto precio, a pesar de todo vale la pena. Por su lucha, no debemos tener miedo[58]".

Por la libertad los pueblos aspiran a mayor y mejor prosperidad. Por ella, las siguientes generaciones son capaces de construir una sociedad más plural, plena, equitativa e imparcial. Con la libertad adquirimos el estatus de ciudadano. Por la defensa de la libertad y contra las injusticias, Clarence Darrow, ilustre abogado nacido en Ohio, aceptó la defensa de Henry Sweet, acusado por la muerte de Leon Breiner, joven blanco perteneciente a los temibles Ku Klus Klan de los años 20 en Detroit. "Retirad ese odio y no quedará nada", dijo al tribunal de doce hombres blancos aquel abril de 1926; "no juzgaba el asesinato sino el racismo [...]. Me gustaría que en el futuro los hombres amaran a su prójimo independientemente de su color o su credo. De lo contrario, nunca seremos una sociedad civilizada[59]".

Y, por esa misma libertad, miles y miles de africanos del sur se quedan en el desierto en su larga travesía hacia el dorado europeo porque, como sostiene Amartya Sen, "la libertad es el fin del desarrollo".

---

58   Estas palabras son un extracto del último discurso de M. L. King en Memphis, Tennesses, el 3 de abril de 1968.

59   Discurso de clausura en defensa de Henry Sweet, abril de 1926.

CONCLUSIONES FINALES

Las conclusiones más destacadas de este trabajo nos aproximan a la comprensión de que la interacción social tiene lugar mediante un conjunto de normas de intercambio de prestaciones de bienes y servicios, cuya formulación de lo que es justo viene determinada por la estructura social en cuestión. En ese juego está presente la moral, basada en la ética, como un contrato al que debemos cumplir por puro ejercicio del deber, como asegura I. Kant. Con todo esto, no se nos debe escapar el hecho de que, en realidad, toda estructura social, cualquiera que sea su dimensión, es un juego de conveniencias. Las personas se organizan más bien pensando en lo que les conviene, en lo que esperan obtener directa o indirectamente de tal o cual estructura, organización social o cooperante. Si bien los intereses contrapuestos de cada uno podrían comprometer incluso estas interacciones, los más aventajados del momento o de una comunidad no dudarían en proporcionarse las mayores ganancias en detrimento de los demás. Incluso así, tampoco estarían seguros frente a las agresiones de otras comunidades.

La forma de arbitrar estos posibles conflictos requiere armar una estructura llamada Estado. Por lo tanto, si admitimos, como J. J. Rosseau que el origen del Estado hay que encontrarlo en la necesidad que sentimos por salvaguardar nuestros derechos frente a agentes externos e incluso de nuestros propios conciudadanos, es evidente la función principal de un Estado. A partir de aquí podríamos desglosarla en varias sub-funciones o sintetizarlas, como Hans Albetr en, cuatro:

-*Garante de Paz*, sin la cual no es posible el desarrollo armonioso de la comunidad.

-*Agencia Protectora* que evite que cada individuo tome la justicia por su mano

-*Garante de Libertades*, esencial para que los individuos desplieguen sus potencialidades

-*Expresión de la Voluntad General*, que permita una libre adhesión de sus miembros.

En efecto, y precisamente desde estas tres últimas funciones, la asunción de un Estado como nuestro tiene que ver con que nos identifiquemos en todo o en parte con su papel protector contra las injusticias, garante de libertades generales para todos, o sea, que nuestros derechos estén salvaguardados. Ello tiene que ver con que dicho Estado se articule a partir de un sistema que garantice un equilibrio de poderes y muy especialmente en aquellos países de fuerte arraigo étnico o regional en donde habrá que recurrir a un sistema de cooptación que eviten excesos impunes de unas comunidades frente a las otras.

Este modo de articular la convivencia debe acabar configurado en una democracia, entendida como una forma de organización socio-política en la cual los ciudadanos participan plena y libremente en el funcionamiento de dicha organización.

Democracia, un vocablo de origen griego al que se le

ha sacado mucho jugo; así, si en la Atenas del siglo V a. C. era una conjunción de «*demos*», que puede traducirse como 'pueblo', y «*krátos*» entendido como 'poder' o 'gobierno'. Actualmente, su significación es mucho más variada y compleja pero en todas sus acepciones subyace el poder que debe tener el pueblo para designar a sus representantes y guiar su destino. Un poder que se debe asentar sobre dos premisas básicas:

A) Igualdad de derechos y deberes. En efecto, la convivencia en sociedad se debe desarrollar a partir de unas determinadas reglas que son la esencia de la democracia como son: a) *El respeto a los derechos básicos de todas las personas*, como sustento de cualquier ejercicio de justicia; b) *El reconocimiento tácito a la diversidad* de las naciones, étnias o grupos etno-lingüísticos (o sociales) inherentes a la propia definición de cualquier estado moderno. Una característica que, además, pone a prueba nuestra capacidad de diálogo y de tolerancia. En este sentido, la cuestión del reconocimiento de la pluralidad social se antoja esencial. c) *La aceptación del diálogo*, esencial para establecer equilibrios en detrimento de posiciones intransigentes; d) La asunción del derecho a la autodeterminación que tiene que ver con el ejercicio de la libertad de los pueblos, que les permite escoger al gobierno que mejor gestiona la Cosa-Común Pública; e) El reconocimiento del *derecho al desarrollo* de las personas, como la coronación de la cima llamada libertad.

B) Libertad es la palabra clave, la que nos da el derecho a la ciudadanía, un atributo que encierra, como afirma Thomas H. Marshall, tres derechos fundamentales: *derechos civiles*, como son las libertades individuales; *derechos políticos*, que permiten participar políticamente en la Cosa-Común Pública; y *derechos sociales*, aquellos como las prestaciones sociales, el trabajo, sanidad, vivienda. etc. Tres exigencias básicas para que una persona pueda sentirse miembro de una comunidad política. El principio fundamental es que la soberanía está en el pueblo, cuya plasmación real se cristaliza en dos requisitos: participación y representatividad. Esto nos lleva a afirmar que nuestra implicación en la *Cosa Común-Pública* es el fiel reflejo del grado de libertad del empoderamiento de las personas a partir de las propias capacitaciones y capacidades individuales. No debe olvidarse que es, a su vez, el eslabón último por el que debe aspirar cualquier sociedad que pretenda llamarse democrática, por tanto, la manera en que todo esto se traduce en el régimen político es el hecho de que el pueblo elige a sus gobernantes, en lugar de serle impuestos sin consultar su voluntad. Lo que quiere decirse es que esa o esas personas no son los dueños sino los representantes y servidores del pueblo, respetan la libertad y la personalidad de todos y cada uno de los gobernados y procuran dar las mismas oportunidades de realizar su vocación y desarrollar sin trabas sus capacidades, mientras sean dentro de las leyes admitidas por todos. En este sentido, un gobernante que se aleja del mandato recibido debe ser relevado de inmediato.

La evidencia nos indica, por consiguiente, que un verdadero sistema de organización social es el que genera capacitación y no oprime, que aporta varios beneficios: a) Permite cultivar mejor el civismo, esencial para la supervivencia de la misma. En una comunidad en la que los espacios de tolerancia son amplios (sin trasgredir fronteras) se eliminan varias incomprensiones. La pluralidad y su respeto favorecen debates constructivos. b) Concede o reconoce a la población sus derechos y libertades políticas, sociales y humanas, esenciales para que puedan desarrollar sus capacidades, su subida al poder y entre todos organizar mejor la Cosa Común Pública. c) Contribuye a un mayor y mejor Valor Añadido Social; con ello no me estoy refiriendo únicamente a ese valor acumulado derivado de una cadena productiva sino además a ese resultado final del conjunto de las interacciones instrumentales y constructivas que deben conformar el juego social. Sabiendo que la democracia no necesariamente funciona con automatismos ni es uniforme, la cuestión es adecuarla a las prioridades, a la realidad social de cada entorno y momento y de dotarla de mecanismos de respuesta rápida ante las demandas de una sociedad evolutiva.

BIBLIOGRAFÍA

-Amartya Sen (1997): Bienestar, Justicia y Mercado, Ed. Paidós

-Amartya Sen (1999): Desarrollo y Libertad, Ed. Planeta.

-Arendt, Hannah (2005): La condición humana, Ed. Paidós.

-Arrow, K. J. (1974): Elección social y valores individuales, Madrid: Instituto de Estudios Fiscales.

-Barona, Jesús Martín (1999): "Globalización y Multiculturalidad: notas para una Agenda de Investigación", en Globalización. Incertidumbres y Posibilidades. Política, comunicación y Cultura, Santafé de Bogotá: Tercer Mundo Editores-Iepri (UN).

-Bell, Daniell (1977): Las contradicciones culturales del capitalismo, Alianza Editorial.

-Bauman, Zygmunt (2010): Vida de consumo, Ed. Paidós.

-Benedicto, Jorge / María Luz Morán (1005): Sociedad y Política, Madrid: Alianza Editorial.

-Beuchot, Mauricio (1989): Los principios de la filosofía social de Santo Tomás, México DF: Imdosoc.

-Cooperación Municipal al Desarrollo (2000): Construyendo Democracia y Poder Local, Confederación de Fondos de cooperación y Solidaridad.

-Cortina, Adela (1994): La Ética de la Sociedad Civil.

-Cortina, Adela (1977): Ciudadanos del Mundo, Alianza

Editorial.

-Elster, Jon (2010): La explicación del comportamiento social, Gedisa.

-Gargarella, Roberto (1999): Las teorías de la justicia después de Rawls, Ed. Paidós Ibérica.

-Goleman, Daniel (1997): La salud emocional, Ed Kairós.

-Gómez Rivas, León M^a (2011): Ética en las ciencias sociales, Ed. Delta.

-Hayek, F. A (1975): Los fundamentos de la libertad, Madrid: Unión Editorial.

-Muakuku Rondo Igambo (2006): Conflictos étnicos y Gobernabilidad, Barcelona: Carena.

-Muakuku Rondo Igambo (2009): Crisis y Capitalismo en el Tercer mundo, Barcelona: Carena.

-Ortega y Gasset, Jose (1937): La Rebelión de las masas.

-Peter L. Berger & Thomas Luckmann (2008): La construcción social de la realidad, Ed. Amorrortu.

-Pigem, Jordi (2000): Valores para un mundo en transformación, Ed. Kairós.

-Rawls, John (1996): Liberalismo potítico, Barcelona: Crítica.

-Robbins, Stephen (1994): Comportamiento Organizacional, Conceptos, Controversias y Aplicaciones, Prentice Hall, pág. 461.

-Schopenhauer, Arthur (2010): Sobre la libertad de la voluntad, Alianza Editorial.

-Weber, Max: La acción social.

-Wilbet Ken (1985): La conciencia sin fronteras, Ed. Kairós.